Jessica Benjamin

Anerkennung, Zeugenschaft und Moral

Hans-Kilian-Preisschriften

Herausgegeben vom Kuratorium des Hans-Kilian-Preises und vom Hans Kilian und Lotte Köhler-Centrum

Diskurse der Psychologie

Jessica Benjamin

Anerkennung, Zeugenschaft und Moral

Soziale Traumata in psychoanalytischer Perspektive

Hans-Kilian-Preis 2015

Mit einer Laudatio von Werner Bohleber
und einem Vorwort von Wolfgang Mertens

Psychosozial-Verlag

Übersetzung des Textes von Jessica Benjamin aus dem Amerikanischen von Elisabeth Vorspohl und Christoph Trunk

Bibliografische Information der Deutschen Nationalbibliothek
Die Deutsche Nationalbibliothek verzeichnet diese Publikation in der Deutschen Nationalbibliografie; detaillierte bibliografische Daten sind im Internet über http://dnb.d-nb.de abrufbar.

Originalausgabe

E-Mail: info@psychosozial-verlag.de
www.psychosozial-verlag.de

Umschlagabbildung: Romain Finke, *»2753« To the People of New York City, Nr. 885/2013*, Wasserfarben auf Bütten, ca. 42 x 30 cm

Umschlaggestaltung & Innenlayout nach Entwürfen von Hanspeter Ludwig, Wetzlar
Satz: metiTec-Software, me-ti GmbH, Berlin
www.me-ti.de
ISBN 978-3-8379-2434-3 (Print)
ISBN 978-3-8379-7203-0 (E-Book-PDF)

Inhalt

Vorwort

Wolfgang Mertens

Frau Dr. Lotte Köhler fördert seit vielen Jahren – im Rahmen der Köhler-Stiftung sind es fast 30 Jahre – hochkarätige Projekte der psychoanalytischen Entwicklungspsychologie, Bindungsforschung, Psychotherapieforschung, Traumaforschung, Holocaustforschung und Forschung über die Folgen der Kriegsereignisse des Zweiten Weltkriegs.

Im Jahr 2010 wurde von ihr zusätzlich der Hans-Kilian-Preis ins Leben gerufen.

Mit der Vergabe dieses Preises für herausragende Forscherpersönlichkeiten ab 2011 ging auch die Einrichtung des Hans Kilian und Lotte Köhler-Centrums 2014 einher, in dessen Mittelpunkt kultur- und sozialpsychologische sowie psychoanalytische Forschungen stehen und das von Professor Jürgen Straub und Dr. Pradeep Chakkarath geleitet wird. Unter anderem finden hierbei auch regelmäßig internationale Hans-Kilian-Vorlesungen statt und es werden mehrere »Deutschland Stipendien« als Lotte-Köhler-Stipendien vergeben.

Nach dem Wunsch von Frau Dr. Köhler sollen mit dem von ihr geschaffenen internationalen Forschungspreis zum Andenken an ihren Lebenspartner Hans Kilian herausragende Leistungen von Personen gewürdigt werden, die über die menschliche Bewusstseinsentwicklung und über die metakulturelle Humanisation geforscht haben.

Derartige Forschungen können heutzutage nicht mehr in einer einzelnen Disziplin entstehen, sondern nur noch inter- und transdisziplinär. Befunde und Erfahrungen aus der Humananthropologie, Sozialphilosophie, Kulturtheorie, Genderforschung, Kleinkind-, Bindungs- und Entwicklungsforschung sowie vor allem der Psychoanalyse sind nun der hauptsächliche Erkenntnishintergrund, mit dem Jessica Benjamin in den zurückliegenden 30 bis 40 Jahren viele maßgebliche Diskurse und Auseinandersetzungen geführt hat.

Ihre differenzierten Ausführungen über die Entstehung und die notwendigen Voraussetzungen der wechselseitigen Anerkennung im Eltern-Kind-Dialog bilden für das Verständnis der eigenen und fremden Kulturen eine wichtige Grundlage. Mit der Fokussierung auf unbewusste Handlungsgründe und Erlebnisformen hat sie nicht nur darauf aufmerksam gemacht, wie unterkomplex viele human- und sozialwissenschaftliche Betrachtungen und Forschungen immer noch verfahren, wenn sie nur von einem *homo rationalis* ausgehen, sondern sie hat auch immer wieder darauf hingewiesen, wie schwierig die Entwicklung eines reflexiven Bewusstseins ist, das seine eigene Subjektivität zur Geltung bringen will und gleichzeitig sein Gegenüber anerkennen möchte.

Jessica Benjamin hat sich seit vielen Jahren auch mit den Folgen einer missglückten Sozialisation auseinandergesetzt, die zu denjenigen Formen der Herrschaft führt, deren Auswirkungen wir alle mehr oder weniger spüren. Sei es die immer noch bestehende rigide Geschlechterpolarisierung mit all ihren Konsequenzen für das private und öffentliche Leben, die Vereinseitigung einer positivistischen Wissenschaftsauffassung, die Geringschätzung des Psychischen in einer weiterhin bestehenden cartesianischen Spaltung von Körperlichem und Geistigem, der rücksichtslose Umgang mit den endlichen Ressourcen zu Lasten der ärmeren Länder dieser Welt und anderes mehr.

Die Berücksichtigung des Transkulturellen kann deshalb auch nicht allein darin bestehen, unsere, in den westlichen Ländern entstandenen Vorstellungen auf andere Kulturen einfach zu übertragen. Wir müssen vielmehr andere Ethnien, Religionsgemeinschaften und historisch gewachsene Staatengebilde erst einmal als Subjekt sui generis verstehen und anerkennen lernen.

Ich persönlich freue mich nun vor allem, dass eine Frau und eine Psychoanalytikerin diesen Preis erhält, denn seit nahezu 50 Jahren gilt der Psychoanalyse meine große Wertschätzung und mein berufliches Leben. Und ich freue mich auch, Frau Benjamin anlässlich dieser Preisverleihung persönlich kennengelernt zu haben, nachdem ich doch Einiges von ihr gelesen habe.

Ihren Artikel im *International Journal of Psychoanalysis* 2015 habe ich mit großem Interesse gelesen, weil es ihr in dieser Arbeit gelungen ist, zwei oder drei sehr wichtige Theorien der modernen Psychoanalyse zusammenzuführen: die relationale Theorie, die Bindungsforschung der ersten und zweiten Generation sowie die Alteritätstheorie des französischen Psychoanalytikers Jean Laplanche. Dies ist eine Leistung, die angesichts einer konzeptuell und theoretisch weit verzweigten Disziplin wie der heutigen Psychoanalyse und ihrer oftmals verzweifelten Suche nach einem Common Ground sehr notwendig und sehr befruchtend für die Theoriebildung ist.

Für Ihr beeindruckendes Werk gebührt Jessica Benjamin, der Hans-Kilian-Preisträgerin 2015, ein großer Dank.

Danken möchte ich aber auch allen, die an der Verleihung dieses dritten Hans-Kilian-Preises auf die eine oder andere Art und Weise beteiligt waren. Zu nennen wären da die Mitglieder des Preiskollegiums Herr Dr. Heinz-Rudi Spiegel, der Vorsitzende des Kuratoriums für den Hans-Kilian-Preis 2015, sowie die Mitglieder Frau Professorin Lilli Gast, Frau Andrea Locker, Herr Professor Jürgen Reulecke und Herr Professor Jürgen Straub; ebenso die kooptierten Mitglieder des Preiskollegiums Herr Professor Christoph Antweiler, Herr Dr. Werner Bohleber, der auch die Laudatio auf Frau Benjamin hielt, Herr Professor Joachim Küchenhoff und Frau Professor Katja Sabisch. Frau Dr. Karin Grossmann, Frau Andrea Locker, Herrn Professor Reulecke und Herrn Dr. Heinz-Rudi Spiegel danke ich für ihre Mitwirkung im Vorstand der

Köhler-Stiftung. Den beiden Leitern des Hans Kilian und Lotte Köhler-Centrums, Herrn Professor Jürgen Straub und Herrn Dr. Pradeep Chakkarath, danke ich für die Koordination der Ausschreibung des Hans-Kilian-Preises und des Auswahlverfahrens.

Dem Rektor der Ruhr-Universität-Bochum, Herrn Professor Elmar Weiler, danke ich für sein persönliches Grußwort zu Beginn der Preisverleihung.

Abschließend gilt mein Dank den zahlreichen weiteren Gästen, die anlässlich der Verleihung des Hans-Kilian-Preises 2015 den Weg nach Bochum gefunden haben. Stellvertretend genannt seien hier insbesondere die ersten beiden Preisträger, Herr Professor Hartmut Böhme und Herr Professor Hans Joas, die auch an der Podiumsdiskussion mit Frau Professor Benjamin teilgenommen haben, sowie Frau Professor Christa Rohde-Dachser, eine der verdienstvollsten Persönlichkeiten der deutschsprachigen Psychoanalyse.

Anerkennung, Zeugenschaft und Moral

Soziale Traumata in psychoanalytischer Perspektive[1]

Jessica Benjamin

In diesem Aufsatz versuche ich, meine psychoanalytisch-theoretische Sichtweise zu Erfahrungen in Beziehung zu setzen, die ich in vielen Gegenden der Welt machen durfte, wo meine Kolleginnen und Kollegen mit den überaus schwierigen Folgen von Gewalt und kollektiven Traumata ringen. Die Auswirkungen solcher Traumatisierungen werde ich im Licht meiner Erfahrungen mit dem Dialog im Mittleren Osten wie auch meiner Gespräche mit Kollegen untersuchen, die im Nachkriegsruanda, in Südafrika und in Chile an den Versöhnungsprozessen beteiligt waren. Auf diese Weise möchte ich zu zeigen versuchen, wie Konzepte, die ursprünglich in der Relationalen Psychoanalyse entwickelt wurden, auf soziale Phänomene angewandt werden können und wie die Theorie der Anerkennung es erleichtern kann, tiefe psychische Strukturen sowohl in individuellen als auch in kollektiven Prozessen zu erfassen.

---

1 Bei diesem Text handelt es sich um die überarbeitete und erweiterte Fassung der Rede, die ich aus Anlass der Verleihung des Hans-Kilian-Preises im April 2015 an der Ruhr-Universität Bochum gehalten habe. Die Rede wurde für den damaligen Anlass von Elisabeth Vorspohl aus dem Amerikanischen ins Deutsche übertragen. Die vorliegende Fassung ist eine überarbeitete und wesentlich erweiterte Version des Vortragstextes. Christoph Trunk besorgte die Übersetzung der hinzugekommenen Passagen. Ich danke beiden Übersetzern für ihre Arbeit. Ebenso danke ich Pradeep Chakkarath und dem Psychosozial-Verlag für die Mitarbeit an der Fertigstellung der Druckversion.

Ich beginne mit einem Zitat aus Primo Levis Werk *Die Untergegangenen und die Geretteten*[2]:

> »Sonderbarerweise taucht dieser Gedanke (›Selbst wenn wir erzählten, würde uns niemand glauben‹) in Gestalt nächtlicher Träume aus der Verzweiflung der Häftlinge auf. Beinahe alle Zurückgekehrten erinnern sich, entweder im Gespräch oder in ihren schriftlich festgehaltenen Erinnerungen, an einen Traum, der sich in den Nächten der Gefangenschaft häufig einstellte, unterschiedlich in den Einzelheiten, aber im wesentlichen immer gleichbleibend: sie seien nach Hause zurückgekehrt, erzählten mit Leidenschaft und Erleichterung einer ihnen nahestehenden Person von den vergangenen Leiden und sähen, dass ihnen nicht geglaubt, ja nicht einmal zugehört würde. In der typischsten (und grausamsten) Version wandte sich der Angesprochene ab und ging schweigend weg« (Levi, 1990 [1986], S. 6f.).

Eindrücklich gemahnen Levis Worte an den Schmerz derjenigen, deren Leid nicht bestätigt oder geglaubt wird. Levi führt uns vor Augen, dass wir den dringenden Appell der Opfer, ihr Erleben durch unsere Aufmerksamkeit – unsere Beglaubigung – zu bestätigen und ihm mit Achtung zu begegnen, so häufig durch Verleugnungs- und Dissoziationsreaktionen abwehren. Und in der Tat erinnern uns die Bemühungen der Vergangenheit, diese Verleugnung aufzuheben, an die politische Schwierigkeit, die sich daraus ergibt, dass Verleugnung in einen Kampf um die Frage verkehrt wird, *wessen Leiden unserer Aufmerksamkeit wert ist*. Diesem Kampf unterliegt die Fantasie »Es kann nur einer leben!« Von einer anderen Warte aus betrachtet, könnte man auch sagen, dass manche Menschen, denen großes Leid widerfährt, gerade aufgrund ihres Leidens und ihrer Hilflosigkeit in den Augen derjenigen, denen keine Gefahr droht, weniger wert zu sein scheinen.

2 Im Englischen lautet der Titel *The Drowned and the Saved*, womit die Untergegangenen zugleich als die Ertrunkenen charakterisiert werden.

Es geht also letztlich um die Verleugnung bzw. um die Anerkennung der leidenden Menschheit, um die Anerkennung der Idee: »Alle können leben!«

Bezogen auf die psychischen Konsequenzen kollektiver Traumata begreife ich die fehlende Anerkennung als eine »verweigerte Zeugenschaft«. Mit dieser Formulierung bezeichne ich die Unfähigkeit oder mangelnde Bereitschaft von Menschen, die selbst nicht an Verletzungen beteiligt waren, ihre Funktion der Beglaubigung und Bestätigung des Geschehenen zu erfüllen und den Leiden und Verletzungen, die sie als Beobachter in der sozialen Welt wahrnehmen, aktiv entgegenzutreten oder sich für Wiedergutmachung einzusetzen.

Ich behaupte, dass bestimmte Formen der Beglaubigung durch die Öffentlichkeit – eine spezifische Form von Anerkennung, die wir Acknowledgement nennen – sowie die explizite Reue des Täters dem Opfer ermöglichen können, aus seiner Hilflosigkeit herauszufinden und sich seiner Selbstwirksamkeit und Handlungsmächtigkeit zu vergewissern, statt nach Rache zu streben. Diese Bemühungen, das Leiden zu würdigen und es zu heilen, bekräftigen letztlich auch die Möglichkeit rechtmäßigen sozialen Verhaltens und der Übernahme von Verantwortung für die Mitmenschen; sie stärken ein Gewahrsein gemeinsamer Menschlichkeit, das wiederum ein Gefühl der Verbundenheit mit der Welt der Anderen und der Bindung an sie stiftet. Darüber hinaus haben sie eine politische Bedeutung, die uns nach Wiedergutmachung statt nach Vergeltung suchen lässt.

Die soziale Anerkennung des Traumas ist nicht allein für den einzelnen Betroffenen heilsam; sie fördert das Gewahrsein der Selbstwirksamkeit und verleiht ethischen Erwägungen im sozialen Diskurs Gewicht. Öffentliche Akte restaurativer Gerechtigkeit (»restorative justice«), zum Beispiel die »Stolpersteine« und viele andere Ausdrucksformen des Erinnerns, sind der Entwicklung eines zivilen Bewusstseins zuträglich, das staatlichem Terror, Rassismus und der Entwertung der Schwachen und Verletzlichen Widerstand leistet. Die Einsichten der psychoanalytischen Theorie der Anerkennung sollten letztlich sowohl zum Gewahrsein unserer gegenseitigen Abhängigkeit und Bindung an das soziale Ganze als auch zur Respektierung der Rechte und Bedürfnisse unverwechselbar unterschiedlicher Individuen beitragen.

Eine Untersuchung der Frage nach der Verantwortlichkeit von Menschen, die nicht direkt an Gewalttaten beteiligt sind, aber durch die Medien tagtäglich darüber informiert werden, würde hier zu weit führen. Deshalb beschränke ich mich auf die Frage, welche psychischen Kräfte uns veranlassen, dem Leiden diese Aufmerksamkeit zu widmen oder sie zu verweigern. Ich gehe von der pragmatischen Sichtweise aus, dass »wir« (die wir diese Gewalt nicht erleiden) dem Appell, das Wissen um entsetzliche Dinge, die Anderen widerfahren sind, zu bestätigen, folgen können oder nicht folgen können, ganz gleich, ob wir in der Lage sind, den Opfern Gerechtigkeit zuteilwerden zu lassen oder nicht.

Was hindert uns daran oder verbietet uns, »furchtbare Dinge zu wissen« (Bragin, 2003; Cohen, 2001)? Welche Prozesse ermöglichen es, sich mit den Verletzungen anderer zu identifizieren? Wovon hängt es ab, ob solche Identifizierungen im Dienste einer Zeugenschaft aktiviert werden oder zur Unterstützung der Gewalt? Was entscheidet darüber, wie und wann die Welt die Wichtigkeit von Verletzungen, die »anderswo« (Cohen, 2001) erlitten werden, bezeugt oder verleugnet? Was ermöglicht, dass das Leid des Anderen unsere Abwehr überwindet, und wie wird unser Begreifen der furchtbaren Dinge verkörperlicht, sodass es uns buchstäblich unter die Haut geht und uns selbst zu einer Bedrängnis wird?

Dazu ein Beispiel. Auf der Konferenz »Engaging the Other«, die in der südafrikanischen University of the Free State stattfand, sprach Pater Michael Lapsley über die Nachwirkungen des Wahrheits- und Versöhnungsprozesses. Pater Lapsley, der durch ein Briefbombenattentat, eine Racheaktion für seine Beteiligung am Kampf des ANC gegen die Apartheid, beide Hände verloren hat, leitete seine Rede mit den Worten ein: »Was jedes Traumaopfer ersehnt und braucht, ist die beglaubigende Bestätigung (acknowledgement) des Erlittenen.« Ich war überrascht, wie sein verkörperlichtes Zeugnis seinen Worten eine vitale, vollständig verkörperlichte Bedeutung verlieh, die mir vorkam, als hätte ich sie zuvor nie wirklich erfasst, obwohl ich mich für diese Idee so sehr eingesetzt und so viel darüber geschrieben habe.

Psychoanalytiker und Psychoanalytikerinnen sind es seit Langem gewohnt, darauf zu achten, ob Worte leer und hohl klingen oder verkörperlicht und resonant, das heißt, ob sie etwas besagen, das in intellektuellem Sinn bereits »bekannt« ist, oder ob sie mit der affektiven Wucht des Neuen, einer Wucht, die in den zahlreichen Kammern unserer Psyche und sogar im Körper widerhallt, gesprochen und erfasst werden. Es war klar, dass Pater Lapsley darum wusste, dass der Akt, sein eigenes und mit anderen geteiltes Bedürfnis nach beglaubigender Bestätigung auszusprechen, performativ war und einen Einfluss auf den Zuhörer, der sich mit ihm identifizierte, ausübte. Eine solche Identifizierung war umso eher möglich, als Pater Lapsley sich weigerte, sein Leiden zu verleugnen, und stattdessen verlangte, dass es geachtet werde. Dieser Appell zur Identifizierung wiederum rührte an die gefühlte Verbundenheit aller Lebewesen, zu der die südafrikanische *Ubuntu*-Ethik – die für die Wahrheits- und Versöhnungskommission eine solch zentrale Rolle spielte – den Menschen verpflichtet. Hierbei kann es, wie ich noch einmal betonen möchte, von wesentlicher Bedeutung sein, ob diese Verbundenheit auf der Ebene der Identifizierung mit dem Körper des anderen und nicht nur als abstrakte Idee eines menschlichen Wesens erlebt wird.

Die psychologische Theoretikerin, an der ich mich bei der Reflexion über solche Prozesse orientiere, hat im Zuge der Versöhnungsanstrengungen nach dem Ende der Apartheid wegweisende Vorstellungen davon entwickelt, wie sowohl Opfer als auch Täter eine Transformation durchlaufen können. Die Überlegungen Pumla Gobodo-Madikizelas, die als schwarze Psychologin in der Wahrheits- und Versöhnungskommission mitarbeitete, bieten einen Bezugsrahmen für das Nachdenken über die radikaleren Möglichkeiten der Versöhnung. Von ihren Schriften ist insbesondere ihr Buch *Das Erbe der Apartheid* bekannt, in dem sie über ihren Dialog mit Eugene de Kock berichtet, einem einstigen Führer der Geheimpolizei, doch auch ihre Analysen der mündlichen Berichte über affektiv verkörperlichte Begegnungen mit Menschen, die mit ihren persönlichen Erzählungen Zeugnis ablegen über die traumatischen Ereignisse während der Apartheid und ihre Nachwirkungen, waren für mich sehr erhellend. Gobodo-Madikizela zeigt Zusammenhänge von Erfahrungen in der südafrikanischen Wahrheits- und Versöhnungskommission mit Studien zu anderen Versöhnungsprozessen und zur Begegnung zwischen einstigen Opfern und Tätern auf, um vor diesem Hintergrund die Wichtigkeit der persönlichen Erzählung und des Narrationsansatzes zu betonen (Gobodo-Madikizela, 2008; Bar-On, 2008). Dieser Ansatz sieht vor, dass Menschen einander in einer kleinen Gruppe sich über ihre Erfahrungen mit kollektiven und historischen Traumata sowie mit Unterdrückung austauschen, was für die einzelnen zu einer Form wird, in der sie Zeugnis ablegen und andere die Zeugenrolle einnehmen lassen können. An den Beginn meiner Reflexionen möchte ich eine eigene Geschichte stellen, über die ich mich, nach anfänglichem Zögern, zu schreiben entschlossen habe, weil sich in ihr nach meinem Eindruck Entsprechungen dazu erkennen lassen, wie Gobodo-Madikizela die Rolle der Verkörperlichung beschreibt, das heißt, die von körperlicher Verbundenheit und Intimität gekennzeichnete Identifizierung im Prozess der Versöhnung von Opfer und Täter. Es geht mir hier darum, die Rolle dieser Identifizierungen bei der Überwindung der Position des hilflosen Zuschauers, bei der aktiven Zeugenschaft und bei der beglaubigenden Anerkennung zu ergründen und auf diese Weise ein theoretisches Konzept der Restitution des moralischen Dritten auf einer gesellschaftlichen Ebene zu entwickeln.

Im Jahr 2008 begann kurz nach Weihnachten der Gaza-Krieg, den die Israelis »Operation Gegossenes Blei« nannten. Ich war gerade nach Miami unterwegs, wo ich zwei Tage am Strand verbringen wollte. Mein Sohn erreichte mich auf meinem Mobiltelefon, als ich im Taxi zum Hotel saß. Er wollte mich darauf aufmerksam machen, dass der Gazastreifen bombardiert wurde, weil er wusste, dass ich mit Leuten dort in Verbindung stand. Ich rief sofort meinen Freund Dr. Eyad El-Sarraj an, den Begründer des gemeindepsychiatrischen Dienstes im Gazastreifen, mit dem ich in den fünf Jahren zuvor am Acknowledgement Project (Projekt zur beglaubigenden Anerkennung) mit palästinensischen und israelischen sozialpsychiatrischen Fachkräften gearbeitet hatte.[3] Ich war in jener Zeit nach Gaza gereist, wo ich einen unmittelbaren Eindruck von den Bedingungen vor Ort gewann und mit den Kolleginnen und Kollegen zusammenkam, die

3 Von 2004 bis 2010 arbeitete ich mit Gruppen von Israelis und Palästinensern, die im Bereich der Gemeindepsychiatrie tätig sind, um mit ihnen ein Projekt für wechselseitige beglaubigende Anerkennung aufzubauen (siehe Benjamin, 2009). Es stand unter der Schirmherrschaft des gemeindepsychiatrischen Dienstes im Gazastreifen und wurde unterstützt und inspiriert von Dr. Eyad El-Sarraj, der als Kodirektor des Projekts fungierte. In jener Zeit reiste ich wiederholt sowohl nach Israel als auch in die palästinensischen Autonomiegebiete, um einzelne Projektmitglieder und kleinere Gruppen von Mitgliedern zu besuchen, und gewann einen Eindruck von den schwierigen Bedingungen, unter denen sie vor Ort arbeiteten. Der Kontakt zwischen den Gruppen war zwar fragil, was nicht nur an Phasen gewalttätiger Auseinandersetzungen im Land lag, sondern auch an den Hindernissen, die das Reisen und die Kommunikation miteinander erschwerten und die meisten Projektmitglieder im Gazastreifen davon abhielten, die eigentlichen Workshops zu besuchen. Dennoch konnte eine Verbindung aufgebaut werden, die die Teilnehmenden auch in Kriegszeiten aufrechterhielten. Mein tiefempfundener Dank gilt den Workshop-Leiterinnen Judith Thomson und Adin Thayer, Uri Hadar und Yitzhak Mendelsohn, die das israelische Team leiteten, Mustafa Qossoqsi und Bassam Abu Omar, die das palästinensische Team leiteten, Avi Berman und Miriam Berger, die im Vorfeld bei der Antragstellung mithalfen, sowie dem norwegischen Rat für psychische Erkrankungen und dem norwegischen Außenministerium für die Fördergelder, die unsere Zusammenkünfte möglich machten. Außerdem möchte ich auch allen Teilnehmenden und den Mitgliedern des internationalen Teams danken, die durch ihre Mitwirkung ein herausforderndes, aber lohnendes Lernumfeld bereicherten.

an dem Projekt mitwirken würden. Eyad und ich hatten uns aber auch viele Male in Tel Aviv getroffen, wo er wegen Krebs in Behandlung war, und es hatte sich eine enge Freundschaft zwischen uns entwickelt. Er war ein Mann, der auch seinen »Feinden« als so außergewöhnlich und bewundernswert erschien, dass er zwischen den gegnerischen Fraktionen in Palästina vermitteln, mit Führungspersonen des israelischen Sicherheitsapparats sprechen, sich in den Ministerien Europas für die Genfer Initiative und bei den Militanten in seinem Heimatland für Gewaltverzicht einsetzen konnte; es gelang ihm sogar, einen israelischen Soldaten, der ihm die Identitätskarte wegzunehmen und ihn zu schlagen drohte, die Tränen in die Augen zu treiben, indem er den jungen Mann aufforderte, ihm dabei sein Gesicht zu zeigen, damit er sehen konnte, dass ein menschliches Wesen das tat. Ungeachtet seiner politischen Stellung und seiner ausgedehnten Verpflichtungen fand er in seinem Leben Raum für eine Freundschaft über alle Unterschiede und Grenzen hinweg.

Wenn ich Eyad auf seinem Mobiltelefon anrief, war nie abzusehen, was am anderen Ende der Leitung gerade los war. Einmal stand er an einem Kontrollpunkt in Rafah an und wartete darauf, nach Ägypten hineingelassen zu werden. Ich hörte im Hintergrund Stimmen, und wir wurden mitten im Satz getrennt. Tags darauf teilte er mir per E-Mail mit, dass die Soldaten beim Grenzübertritt sein Telefon beschlagnahmt hatten. Oft genug hatte er auch wie Hunderte andere umkehren müssen, obwohl er über einen Pass mit Sonderstatus verfügte. Doch selbst wenn gefährliche Dinge passierten, schaffte er es, gefasst und unerschütterlich zu klingen.

Ich war überrascht, dass ich per Telefon nach Gaza durchkam. Innerhalb weniger Augenblicke konnte ich beruhigt sein, dass Eyad nichts passiert war. Allerdings hörte ich, als er berichtete, aus seiner wie immer ruhigen Stimme einen anderen Ton als sonst heraus: Die Situation war wirklich grauenvoll, er hörte die Bomben fallen, die Fenster bebten und zerbarsten, wenn in der Nähe Granaten einschlugen, und es wurde alles mit einer Wucht verwüstet, die weit über das hinausging, was sie bislang durchgemacht hatten. Als wir auflegten, war ich völlig aufgewühlt. Was konnte ich jetzt tun? Das einzige, was mir einfiel, war, ins Internet zu gehen und herauszufinden, wie ich über die israelischen »Ärzte für Menschenrechte« medizinische Hilfe schicken konnte. Und da ich keine weiteren Möglichkeiten sah, machte ich mich zum Strand auf.

Dort machte ich eine höchst merkwürdige und eindringliche Erfahrung: Als ich über den Sand zu gehen begann, ließ ich beklommen den Blick über den Strand schweifen, der voller Weißer war, und mir wurde klar, dass ich, wie meine innere Stimme zu sagen schien, nach »anderen dunkelhäutigen Menschen wie mir« Ausschau hielt. Mein Empfinden hätte sich in etwa so in Worte fassen lassen: »Ich bin hier ganz allein – an diesem Strand sind nur Weiße und keine anderen Nichtweißen.« Als mir dieser Gedanke durch den Kopf ging, regte sich eine Antwort, die ebenfalls nicht ganz in Worte gefasst war: »Moment mal, DU bist weiß und nicht dunkelhäutig.« Doch das änderte nichts an meinem Gefühl, meinem Selbstzustand oder meinem suchenden Blick. Ich war in diesem Selbstzustand so umfassend mit meinem braunhäutigen Freund identifiziert, dass ich in seine Haut schlüpfte. Ich konnte bewusst erfassen, wie fremd dieser Selbstzustand meinem anderen Selbst und wie weit weg er von der Realität war – ich konnte das als Zeugin registrieren, ohne dass ich aber aufhörte, so zu empfinden.

Ich durchlebte zweifellos eine besondere Form der Dissoziation, die daher rührte, dass ich mich hilflos fühlte, weil ich einen für mich sehr wichtigen Menschen nicht beschützen konnte; in dieser Weise aus mir selbst herauszutreten oder mich als verwandelt zu erleben wurde vielleicht durch einen ähnlichen Mechanismus möglich wie den, der ein Missbrauchsopfer in die Lage versetzt, den eigenen Körper zu verlassen und von der Decke herab auf sich selbst hinunterzublicken. Im Rückblick gehe ich davon aus, dass dadurch, dass ich mich durch die Identifizierung mit einem geliebten Menschen derart massiver Gewalt ausgesetzt sah, ein traumatischer Effekt eintrat, der die Schutzmauer auflöste, die normalerweise zwischen der eigenen Person und einem weit entfernt stattfindenden Geschehen steht, auch wenn dieses als höchst grauenvoll empfunden wird. Es war auch so, dass ich nach meinem Besuch im Gazastreifen einen körperlichen Schock erlitten und ein heftiges Gefühl der Entfremdung und des Getrenntseins von denen um mich herum, die in Sicherheit hockten, erlebt hatte – sich ganz normal in einem Café zu unterhalten kam mir unwirklich vor, nachdem ich mit Familien gesprochen hatte, deren Zuhause von Raketen zerbombt worden war, nachdem ich in der Nacht, umgeben von Panzern, durch Niemandsland gefahren war und im Strahl der Suchscheinwerfer die riesigen Stahl-Drehkreuze an den Kontrollpunkten passiert hatte. Diese Reaktion ging auf mein eigenes unmittelbares Erleben von Angst zurück und gründete auf einer indirekten Traumatisierung in Identifizierung mit jemandem in der Ferne, der mir emotional nahe war.

Bemerkenswert war die Form, die meine Identifizierung annahm. Sie erfolgte in einem spezifischen sozialen Bedeutungskontext im Hinblick auf ethnische Zugehörigkeit, Hautfarbe und auf die Trennlinie zwischen den Untergegangenen und den Geretteten. Es war, als würde ich aus einem vertrauten »weißen Selbst in Sicherheit« verwandelt in einen der ausgelieferten, schutzlosen Menschen – Geflüchtete, Migranten, Lager- und Gefängnisinsassen –, die man ungestraft im Stich lassen oder angreifen kann, weil die Welt ihrem Leben keinen Wert zuerkennt. Nach meinem Empfinden überließ die Welt die im Gazastreifen eingeschlossenen Menschen ihrem Schicksal und schrieb sie ab, so als seien sie es nicht wert, gerettet zu werden. Ich identifizierte mich mit der Lage dieser Menschen auf eine Weise, bei der meine üblichen Abwehrmechanismen nicht dazwischentraten. Ich wollte die Bedeutungszusammenhänge dieser Identifizierung verstehen, wobei mir klar war, dass meine Reaktion nicht notwendigerweise identisch mit der Reaktion von Menschen war, die tatsächlich bombardiert werden oder darunter leiden, dass sie wegen ihrer Hautfarbe oder ihres gesellschaftlichen Status ausgegrenzt, ignoriert oder misshandelt werden. Meine Reaktion deckte sich noch nicht einmal mit den Empfindungen, die ich als in Deutschland lebende Jüdin gehabt hatte, denn dort basierte meine Beklemmung auf einer Identität, die mich de facto von anderen abhob, die tatsächlich »meine eigene« war und die sich in dem dortigen Kontext in erwartbarer Weise abzeichnete. Jetzt aber hatte meine Reaktion eher mit einem spezifischen Gefühl der Entfremdung von denen zu tun, die am sonnenbeschienenen Strand in der Sicherheit der Verleugnung lebten, während andere dem Schrecken der Zerstörung ausgesetzt waren. Dass die Gruppe der in Sicherheit Lebenden für das Leid und die Gräueltaten, die »anderswo« geschahen, blind war – was ich als Verleugnung auffasste –, erschien mir als Bedrohung meiner emotionalen Realität.

Diese Erfahrung der Identifizierung mit »dem Anderen«, der nicht gerettet wird, veränderte mein Verhältnis zu der Trennlinie zwischen den Geretteten und den Gefährdeten, die mir aus meiner Arbeit mit schwer traumatisierten Menschen vertraut war. Diese Abgrenzung verhindert oft, dass bei Traumaopfern die Empathie oder die Bezeugungshandlungen derer, die ihnen helfen wollen, auch ankommen (dass diejenigen, die sich mitten in der Kampfzone befinden, sich den außerhalb Stehenden entfremdet fühlen, ist wohlbekannt, ebenso wie die indirekte Traumatisierung, zu der es bei denen kommen kann, die für die Wahrung der Menschenrechte arbeiten oder Missbrauchs- und Verfolgungsopfer behandeln; siehe Rothschild, 2011). Wichtiger war hier weniger die Abgrenzung zwischen Tätern und Opfern als vielmehr die durch Leugnung und Mangel an beglaubigender Anerkennung erzeugte Trennlinie zwischen denen, die in einer sicheren, geschützten Welt leben, und denen, die man recht- und mittellos zugrunde gehen lässt. Diese Aufteilung möchte ich nun weiter untersuchen und verbinde damit vor allem die Hoffnung, dass dieses Moment der sich auflösenden Identifizierung Aufschluss darüber gibt, was in uns vorgeht, wenn wir in der Position derjenigen leben, die relativ sicher, geschützt und »nicht der Andere« sind.

Als ich in Washington, D. C., aufwuchs, einer südlichen Stadt im Nachkriegsamerika, in der Rassentrennung herrschte, war es für mich eine prägende Erfahrung, dass die einen Menschen am Rand standen und vielen Gefahren ausgesetzt waren, während die anderen in Sicherheit lebten und Privilegien genossen. Trotz meines familiären Umfelds und meines Einsatzes als junge Aktivistin und obwohl es durchaus noch vorkam, dass Mitschüler antisemitische Vorurteile äußerten, wurde ich uneingeschränkt als Weiße eingeordnet: In welche Schule ich ging, welche Lokale für mich zugänglich waren, in welches Krankenhaus ich gehen konnte, wenn ich krank wurde, und in welchem Viertel ich wohnte, war noch ganz von meiner Rassenzugehörigkeit bestimmt. Meine Anstrengungen, auf Rassismus beruhende Ungerechtigkeiten zum Thema zu machen, kamen bei meinen Mitschülerinnen und Mitschülern nicht gut an, und ich handelte mir damit gelegentlich Spott und wütende Reaktionen ein. Ich fand aber Unterstützung in meinem direkten Umfeld und wusste, dass das, was ich zu ertragen hatte, im Vergleich zu den Gefahren, denen Schwarze im Süden der USA ausgesetzt waren, unbedeutend war. Ich hatte in dieser Situation reichlich Gelegenheit, Erfahrungen damit zu machen, was es bedeutete, mich mit »dem Anderen« zu identifizieren und dabei doch selbst privilegiert zu sein, mich entweder für die Rolle der Zuschauerin oder für die der aktiv Handelnden zu entscheiden, mich entweder nach den herrschenden Normen zu richten oder sie infrage zu stellen und ein schlechtes Gewissen zu haben, weil ich zu wenig tat, oder zur Außenseiterin gemacht zu werden, weil ich zu viel tat.

Sowohl in der Frauenemanzipationsbewegung als auch in der Bürgerrechtsbewegung kamen viele problematische Aspekte des Pochens auf die Opferrolle und des von Schuldgefühlen getriebenen Bemühens, sich von der eigenen Position der Privilegiertheit und des Weißseins zu distanzieren, zum Vorschein. Als Feministin wurde ich mir über die politisch nachteiligen Effekte der

Opferposition erst nach und nach klar, obwohl ich zuvor in der Bürgerrechtsbewegung bereits erlebt hatte, wie wenig Schuldgefühle dazu taugen, der eigenen Täteridentität zu entkommen. Als Psychoanalytikerin, so hoffte ich, würde es mir möglich sein, die Problematik der Beziehungen zwischen Opfer, Täter und Zuschauer auf eine ergiebigere Weise zu erkunden.

Dieser Aufgabe widmete ich mich zunächst in meinem Buch *Die Fesseln der Liebe* (1990 [1988]). Ich setzte an dem historisch interessanten Nebeneinander an, mit dem Feministinnen wie ich zu tun hatten, nämlich an der Dualität von Opferschaft und Schuldgefühl im Kontext von Emanzipationspolitik, und begann, ausgehend von meiner intensiven Auseinandersetzung mit der Psychoanalyse, die Ursprünge von Rollenumkehrungen in komplementären Beziehungen zu untersuchen. Ich suchte nach einer Möglichkeit, die Binarität von Tatsubjekt und Tatobjekt (doer and done-to) nicht umzukehren, sondern zu dekonstruieren und eine Position herauszuarbeiten, in der Opfer von Unterdrückung auf Emanzipation und Handlungsmächtigkeit dringen können, ohne dass sie durch Umkehr von Machtbeziehungen Vergeltung üben müssen (siehe Benjamin, 2018). Mit der Zeit war der Eindruck entstanden, die Politik der Emanzipation sei mit derartigen Umkehrungen untrennbar verwoben. Die Idee der Versöhnung, wie sie in Südafrika entwickelt wurde, zeigte aber eine andere Möglichkeit auf, mit dem kollektiven Trauma der Unterdrückung umzugehen. Aus der Untersuchung von Versöhnungsprozessen ergab sich ein klarer umrissenes Bild von dem Unterschied zwischen Schuldgefühl und verantwortungsbewusster beglaubigender Anerkennung von Schuld. So wurde deutlich, dass das Bemühen darum, mit Schuldgefühlen behaftete Identifizierungen mit dem Täter oder mit der unterdrückenden Klasse auszublenden, indem eine Gegenidentifizierung in Form moralischer Entrüstung erfolgt, etwas ganz anderes ist als Identifizierung mit Leidenden als ein empathischer Zeuge. Zwar ist irgendeine Form von Entrüstung und Wut absolut unabdingbar, doch es zeigte sich, dass Moralismus als manisches Abwehrmanöver eingesetzt wurde, um Identifizierungen mit dem Aggressor abzuleugnen. Die an der intersubjektiven Theorie orientierte Sichtweise, die ich in »Beyond doer and done to« (Benjamin, 2004) entwickelt habe, schien einen wichtigen Beitrag dazu leisten zu können, Möglichkeiten der Heilung kollektiver Traumata von Vorgehensweisen zu unterscheiden, die den binären Gegensatz zwischen Unterdrückten und Unterdrückern mittels Rollenumkehr aufrechterhalten und in einen Kreislauf münden, in dem Opfer zu Tätern werden.

Ich werde also nachzuzeichnen versuchen, wie ich das Konzept der dritten Position entwickelt habe, um so einen theoretischen Bezugsrahmen abzustecken, der es uns ermöglicht, jenen Moment besser zu verstehen, in dem ich in eine andere Haut schlüpfte und, ausgehend von meiner Vertrautheit mit demjenigen, dem Leid widerfuhr, meine Identifizierung neu ausrichtete. Es wird sich zeigen, dass dieser Zustand der, wie wir das nennen könnten, ursprünglichen Zeugenschaft (primal witnessing) in den primären verkörperlichten Anerkennungs- und Bindungsbeziehungen wurzelt. Das heißt, er gründet auf dem rhythmischen Dritten, das sich in der frühesten Beziehung des Säuglings zur Mutter und zu anderen mittels kinetischer, visueller und stimmlicher Formen der Kommunikation, die ein gemeinsames Erleben affektiver Zustände erzeugen, entwickelt. Wenn es gelingt, diese gemeinsame Erfahrung von Affektzuständen herzustellen sowie die Verletzung von Erwartungen, umsorgt zu werden und Zuwendung zu erfahren, zu berichtigen und beglaubigend anzuerkennen, schafft dies eine Grundlage für Vertrauen. Diese Fähigkeit zur Wiedergutmachung und zur Schaffung von Vertrauen ist die Grundlage für Empathie mit dem Leiden Anderer, die ich im moralischen Dritten verkörperlicht sehe.

Die Psychoanalytikerin Chana Ullman (2006), die bei Machsom Watch mitarbeitete, einer Gruppe israelischer Frauen, die Checkpoints der israelischen Besatzung beobachtet, hat wichtige Argumente für diese Form der Zeugenschaft vorgetragen, bei der die Frauen ins Geschehen involviert sind, gemeinsam Risiken tragen und beglaubigend anerkennen, dass sie Teil des Netzes sind, in dem der Andere gefangen ist. Ich möchte unsere Vorstellung davon, wie eine ethische Position gegenüber dem Anderen aussehen könnte, neu fassen, indem ich auf eine Konzeption des moralischen Dritten zurückgreife, die in der rhythmischen und nicht in der symbolischen Dimension der Drittheit gründet (Benjamin, 2004) – eine Konzeption, welche die Voraussetzungen einer Zeugenschaft, die in einer Ebene der ursprünglichen Identifizierung (primal identification) gründet anstatt nur auf dem Wissen darum, was richtig ist, mitbedenkt (Ullman, 2011; Benjamin, 2011).

Um die Position zu kennzeichnen, welche die Komplementarität von Tatsubjekt und -objekt transzendiert, scheint mir das Konzept des Dritten oder der Drittheit am besten geeignet. Ich habe auch die Idee eines »moralischen Dritten« näher bestimmt, dessen Funktion darin besteht, Abweichungen von rechtmäßigem Verhalten *beglaubigend anzuerkennen*, zu bestätigen, wie Dinge im Kontrast zu dem, wie sie sein sollten, wirklich sind, und so Wahrhaftigkeit zu fördern und die Gültigkeit des Rechts zu bekräftigen.

Die Funktion der beglaubigenden Anerkennung oder der Zeugenschaft ist ein maßgeblicher Bestandteil des moralischen Dritten. Lassen Sie mich diese Überlegung genauer erklären. Als »das Dritte« wurde ursprünglich die Position oder Funktion bezeichnet, die Gegensätze toleriert und Dualismen überwindet. Die psychische Position des Dritten erlaubt uns, all die fundamentalen Gegensätze wie »die Anderen und wir«, »Tatsubjekt – Tatobjekt« (doer and done-to), »gut – böse«, »schwarz – weiß« zu transzendieren, indem wir anerkennen, dass jeder von uns, und sei es nur unbewusst, beide Seiten in sich trägt. Indem wir dies akzeptieren, erschließt sich uns ein psychisch-geistiger Raum, in dem wir über Schuldzuweisung und Polarisierung hinausgelangen und die Tiefe des Leidens, das durch unsere Feindseligkeit gegenüber dem Anderen und durch unsere Ablehnung, ja womöglich Gewalt, ihm gegenüber verursacht wird, mitfühlend sowohl analysieren als auch bezeugen können. Das moralische Dritte ist somit eine Position, von der aus wir Verstöße gegen rechtmäßiges Verhalten sowie die Entmenschlichung und Degradierung von Menschen zum Zwecke der Erhöhung anderer bezeugen können. Ich bezeichne mit dem Begriff »das moralische Dritte« sowohl die psychisch-geistige Position als auch die interpersonalen Prozesse, die eine Wiederherstellung der Rechtmäßigkeit nach deren Zusammenbruch durch Dialog, wechselseitiges Verstehen oder Sühne ermöglichen. Das »moralische Dritte« erkennt Verstöße gegen rechtmäßiges Verhalten beglaubigend an und bekräftigt zugleich die Diskrepanz zwischen dem, was ist, und dem, wie es sein sollte. Die Spannung zwischen Ist- und Soll-Zustand zu halten ist eine psychische Position, die sich der Verleugnung, die ebendiese Unterscheidung in sich zusammenfallen lässt, widersetzt. Sie bekräftigt, was rechtmäßig ist, sogar in seiner Abwesenheit.

Das »moralische Dritte« ist eine labile, für Individuen wie Kollektive gleichermaßen schwierig durchzuhaltende Position. Wir müssen einräumen, dass wir an uns selbst ständig den Zusammenbruch und die Wiederherstellung der Fähigkeit beobachten, die Verbindung zum Leiden, einschließlich unserem eigenen, aufrechtzuerhalten. Mit Zeugen zu sprechen und ihre Geschichten über Grausamkeiten anzuhören – Grausamkeiten, die vielleicht sogar in unserem Namen begangen wurden –, ohne zu dissoziieren und in psychischen Sicherheitszonen Zuflucht zu nehmen, die das ungeschützte Selbst vor Schrecken und Leid bewahren, ist eine furchterregende Aufgabe. Doch diese Haltung zeugt zugleich von der machtvollen menschlichen Sehnsucht, durch Mitgefühl die kaputte Welt zu heilen, Unrecht wiedergutzumachen und das Gute wiederherzustellen. Die theologischen Ursprünge dieses Dritten sind nicht mein Thema; gleichwohl trägt es die Spuren zahlreicher Religionstraditionen, sei es als Güte Gottes oder als Dharma dessen, »was ist«. Die Psychoanalyse aber hat immer deutlicher erkannt, dass sie mit den Nachwirkungen nicht anerkannter Traumata konfrontiert ist und dass es ihre Aufgabe ist,

Zeugnis zu geben und zu heilen – trotz der warnenden Worte ihres Gründers, die uns an die Grenzen unserer Fähigkeit erinnern, zu retten und zu heilen.

Ich spreche hier als Psychoanalytikerin, die versucht hat, kollektive Traumata zu verstehen und die psychischen Hindernisse zu untersuchen, die dem Wissen um Unrecht und seiner Bezeugung entgegenstehen. Was hält die Dissoziation vom Leiden anderer (»des Anderen«) oder sogar vom Schicksal derjenigen, die wir als »die Unsrigen« anzuerkennen behaupten, aufrecht? Ich untersuche auch, wie die Opferidentität, für die eine dissoziierte Angst vor dem Verlust der Anerkennung eine große Rolle spielt, unsere Identifizierung mit dem Leiden anderer beeinträchtigen kann. In der Position des Opfers wird es schwierig, zwischen einer universalen Form der Anerkennung und jener, die den eigenen Selbstschutz priorisiert, zu unterscheiden.

Die Angst, keine Anerkennung zu finden und beschuldigt zu werden, andere zu verletzen, um uns selbst zu schützen, lässt uns in ein furchtbares Dilemma geraten. Die Überwindung dieses Dilemmas – Selbstschutz versus Anerkennung des Anderen – setzt das Vertrauen in oder den Glauben an eine Form des Dritten voraus, das die Identifizierung mit der Menschlichkeit des Anderen mit einschließt. Das bedeutet, wie ich zeigen werde, vom Dualismus des »Leben kann nur einer« zu der Position des Dritten voranzuschreiten, die besagt: »Alle können leben«, bzw. präziser: »Alle sollten leben können.« Diese Position setzt mehr voraus als ein abstraktes Verständnis von Rechten; sie muss auch der dunklen Macht unserer Angst, dass das Leben des Anderen unseren eigenen Tod bedeutet, Rechnung tragen sowie der grauenvollen, durch solche Ängste hervorgerufenen Gewalt, von der die Geschichtsschreibung seit ihren Anfängen zeugt. Diese Gewalt beglaubigend anzuerkennen ist nichts für schwache Nerven.

Wenden wir uns nun der Frage zu, wie der Gegensatz von »gut« und »böse« unsere Einstellung zu der Problematik strukturiert, wer leben kann, wessen Leiden zählt, wer gewürdigt und wer missachtet wird. Als »gut« bzw. »böse« werden psychologisch komplexe Konstellationen bezeichnet, das heißt nicht lediglich Rechtschaffenheit versus Verbrechen, sondern auch sauber, sicher und rein versus abscheulich, kontaminierend und gefährlich. Die Fähigkeit, Gegensätze auszuhalten, setzt mehr voraus als die Anerkennung des eigenen Potenzials, destruktiv zu handeln oder Unrecht zu tun. Notwendig ist auch eine Fähigkeit, den möglichen Einbruch des mit dem Anderen identifizierten Bösen in das mit dem Selbst identifizierte Gute zu tolerieren: die sogenannten primitiven, frühen Gefühle, ausstoßen und projizieren zu wollen, was am menschlichen Körper verächtlich, fäkal, abstoßend ist, müssen ein Gegengewicht finden in der Akzeptanz der körperlichen oder psychischen Schwäche des Selbst und Anderer. Gelingt dies nicht, setzt sich der mächtige Impuls durch, alles Verächtliche abzustoßen und in einen niederträchtigen und gefährlichen Anderen zu projizieren, der um jeden Preis außerhalb des Selbst bleiben und von der Gruppe ausgeschlossen werden muss (siehe Theweleit, 1986). Das Bedürfnis, den sicheren, reinen Bereich des WIR vor dem unreinen, gefährlichen SIE zu bewahren, lässt Gewalttaten »gut« statt »böse« erscheinen und stellt unsere Begriffe von Recht und Unrecht auf den Kopf. Mit anderen Worten: Wenn die Idee des Guten mit Reinheit verknüpft ist, mit der Austreibung von allem, was sündhaft oder abstoßend ist, dann ist die Struktur in Kraft, die es als erlaubt erscheinen lässt, dass andere, die jenes Schlechte in sich haben und unser Gutsein bedrohen, im Namen des zu beschützenden Guten ermordet werden.

Diese Überlegungen zu Reinheit und Gefahr, zum primären Bösen und primären Guten machen es notwendig, ein tieferes, komplexeres Konzept des moralischen Dritten zu entwickeln. Es ist erforderlich, dieses Konzept auf die Bereiche anderer Gegensätze anzuwenden, die durch unbewusste Fantasien und durch Angst vor körperlicher Desintegration geprägt sind (siehe ebd.). Das Konzept der Anerkennung des Anderen muss auch die Überwindung der Gegensätze schwach und stark, verletzbar und geschützt, missachtet und geachtet sowie hilflos und mächtig leisten können. Der Andere dient dem Subjekt, indem er die verleugneten, verachteten Elemente verkörpert. Allzu häufig setzt man der negativen Seite dieser Binarität Werte entgegen, die vermeintlich positiv, tatsächlich aber defensiv sind, zum Beispiel »unverletzbar« oder »triumphal«. Wenn man das Böse und Unreine nach außen projiziert, wird durch die Verwerfung von Schwäche und Verletzlichkeit das vermeintlich gute Selbst in Richtung Selbstüberschätzung, Selbstgerechtigkeit und Empathielosigkeit pervertiert. Selbst die Position des Altruismus oder des politischen Kampfes im Namen der Unterdrückten kann aufrechterhalten werden, während wir ihnen (den Anderen) im Bemühen, sie als Opfer des Bösen zu läutern, unbewusst alle Hilflosigkeit und Verletzlichkeit zuschreiben und uns selbst die Position der Macht, der Sicherheit und allerdings auch des schlechten Gewissens zuweisen.

Andererseits kann ein Selbst, das Schwäche und Verletzbarkeit nicht verleugnet oder abspaltet, sondern auf der Anerkennung der Menschlichkeit besteht, das Leiden angemessen würdigen. Pater Lapsley und Eyad El-Sarraj sind Beispiele für diese Art der Würdigung: wie das verkörperlichte Subjekt, weder moralisch noch physisch purifiziert, die Spaltung in »missachtet« versus »geachtet« überwinden kann. Diese Sichtweise führt zur Konzeptualisierung eines emotional gegründeten oder verkörperlichten moralischen Dritten, das auf einer primären Identifizierung mit der abgespaltenen Verwundbarkeit und Schwäche beruht statt auf dem bloßen Wissen um »richtig und falsch« oder der Ablehnung von Hass und Gewalt zu Abwehrzwecken.

In dieses Konzept eines emotional gegründeten oder verkörperlichten moralischen Dritten müssen wir noch einen weiteren Aspekt einbeziehen: Wir müssen uns der Vielfalt unserer Identifizierungen und der Ambiguität der Positionen, die wir einnehmen, bewusst bleiben. Je weniger es uns gelingt, uns wahrhaft mit allen Selbstanteilen zu identifizieren, desto weniger hinterfragen wir die eigene Tendenz, uns nur mit *einer* Seite des Täter-Opfer-Gegensatzes zu identifizieren, desto abstrakter wird unser Versuch, uns in die Erfahrungen des Anderen hineinzuversetzen, und desto höher ist die Wahrscheinlichkeit, dass wir das moralische Dritte, das Streben nach Wahrheit und Rechtmäßigkeit, in ein bloßes Moralisieren verwandeln. Auch unsere Identifizierung mit der Beschützerrolle und die Wahrnehmung des anderen als abhängig von unserer Fürsorge, unserer Empathie und unserem Altruismus bergen in sich das Potenzial dafür, dass wir unsere Hilflosigkeit verleugnen und projizieren. Es kann dann geschehen, dass wir auf die Ansprüche von Opfern, deren im Vergleich zu unserem größeres Leid wir als moralische Überlegenheit interpretieren, mit einer Form von Schuldbewusstsein reagieren, hinter dem sich Furcht vor Verbitterung und Neid verbirgt.

Das verkörperlichte moralische Dritte ist daher zentral dafür, dass wir Polaritäten wie »schwach – stark« durch die Mannigfaltigkeit unserer Identifizierungen überwinden können. Wie ich bereits dargelegt habe, ist für das Verständnis der Folgen kollektiver Traumata und verweigerter Anerkennung die Durchdringung unserer Psyche mit diesen uns in Fleisch und Blut eingeschriebenen Polaritäten genauso ausschlaggebend wie die globale psychische Position der Komplementarität von Tatsubjekt und -objekt, Töten und Getötetwerden. Während diese Komplementärbeziehungen keine direkte Umkehrung zulassen, besitzt die Umkehrung zugunsten einer Würdigung des Leidens das Potenzial, soziale Beziehungen zu verändern und das moralische Dritte wiederherzustellen.

Im Zusammenhang mit Kollektivtraumata besteht die ausschlaggebende Funktion des moralischen Dritten darin, dass Andere, die als Zeugen fungieren, erlittene Verletzungen beglaubigen und anerkennen. Auf der sozialen Ebene wird diese Aufgabe von den Augen und der Stimme der Welt erfüllt, die hinschaut und für Rechtmäßigkeit einsteht, indem sie die von den Opfern erlittenen Ungerechtigkeiten und Verletzungen, ihre Traumata und ihr Leid zumindest verurteilt und missbilligt. Die Qual oder der Tod der Opfer wird auf diese Weise gewürdigt, ihrem Leben wird Wert verliehen. Das Leben der Opfer ist, wie Butler es ausgedrückt hat, »beklagenswert« (2005 [2004], S. 49) – unserer Klage wert, oder anders formuliert: Die Opfer sind keine Gegenstände, die man ausrangiert. Aufgrund der flächendeckenden Verbreitung der Medien wissen Opfer überall auf der Welt, ob ihr Leiden gesehen wird und Beachtung findet. Sie können verzweifelt fragen: »Warum kümmert es niemanden, dass wir hier sterben?«

Primo Levis Buch *Die Untergegangenen und die Geretteten* beginnt, wie bereits erwähnt, mit der erschütternden Feststellung, dass beinahe alle Überlebenden der Konzentrationslager von einem im Wesentlichen stets gleichbleibenden Traum berichten: »[S]ie seien nach Hause zurückgekehrt, erzählten [...] einer ihnen nahestehenden Person von den vergangenen Leiden und sähen, daß ihnen nicht geglaubt, ja nicht einmal zugehört würde.« Levis Bericht zeigt wie viele andere, dass die Erfahrung der verweigerten Zeugenschaft ein zentrales Element des Traumas ist (siehe Laub & Auerhahn, 1993). In der psychoanalytischen Therapie erleben wir immer wieder, dass das verletzte Kind sich von dem zuschauenden Elternteil nicht weniger verraten fühlt als von dem missbrauchenden (Davies & Frawley, 1994). Das Problem der verweigerten Zeugenschaft hängt direkt mit der Aufspaltung zwischen dem Geachteten und dem Verworfenen zusammen.

In seinem beeindruckenden Artikel »Wenn der Dritte tot ist« interpretiert Samuel Gerson (2011 [2009]) die Erfahrung verweigerter Zeugenschaft als das Gefühl der betroffenen Personen oder Gruppen, dass die soziale Welt, die sich sorgen und kümmern sollte, verschwunden ist und daher die Werte einer fürsorgenden Welt abgestorben sind. Statt Anerkennung ist nur die Ungerührtheit des Himmels, der nicht weint, geblieben. Sowohl der Zeugnis ablegende Andere als auch das Dritte sind tot. Die Arbeit mit traumatisierten Opfern zeigt uns, dass die Person, die bezeugen oder helfen sollte, auf die andere Seite des Stacheldrahtes gewechselt und trotz guter Absichten unfähig ist, das Entsetzen oder die panische Angst von Menschen, die solcher Brutalität ausgeliefert sind, wirklich in sich aufzunehmen. Levis Geschichte verweist auch auf den Kleinmut, den reflexhaften Selbstschutz und die Angst, die den Zuschauer zur Verleugnung veranlassen. Solche Weigerungen, sich der Realität des Terrors und des Bösen zu stellen, sind lediglich *eine* Form der Verleugnung (Cohen, 2001) und *eine* Form der Nicht-Anerkennung, die zu einer Entfremdung führt, welche unheilbar erscheint. Eine solche Unfähigkeit, den Schrecken anzuerkennen, sowie die Entfremdung, die durch sie hervorgerufen wird, lassen sich als Aspekte der Flucht vor der Qual sehen, die in die komplexe Kategorie der Dissoziation fallen (siehe Howell, 2005). Doch auch wenn wir uns über das allgegenwärtige Problem der Dissoziation im Klaren sind, mit der der menschliche Geist die Flucht ergreift, wo es eigentlich kein Entkommen gibt, und die sowohl Opfer als auch Zuschauende heimsucht, müssen wir uns fragen, welche Formen sozialer Beziehungen geeignet sind, die Empathie auszuweiten, und uns in die Lage versetzen, gemeinsam das höchst schmerzliche Wissen um Brutalität und um das Böse in uns zu bewahren.

Rousseau hat das Thema des Selbstschutzes in seiner auf charakteristische Weise zuspitzenden Sprache so formuliert:

> »Selbst wenn es wahr wäre, dass das Mitleid nur ein Gefühl wäre, das uns an die Stelle dessen versetzt, der leidet – ein Gefühl, das im wilden Menschen dunkel und lebhaft, im bürgerlichen Menschen entwickelt, aber schwach ist –, was würde diese Vorstellung für die Wahrheit dessen, was ich sage, bedeuten, außer dass sie ihr zusätzliche Kraft verliehe? In der Tat, das Mitleid wird um so nachdrücklicher sein, je inniger sich das Tier, das zusieht, mit dem Tier, das leidet, identifiziert: Nun ist evident, daß diese Identifikation im Naturzustand unendlich viel enger gewesen sein muß als im Zustand der Vernunfterwägung. Die Vernunft erzeugt die Eigenliebe […]; sie läßt den Menschen sich auf sich selbst zurückziehen; sie trennt ihn von allem, was ihm lästig ist und ihn betrübt. Die Philosophie isoliert ihn; ihretwegen sagt er beim Anblick eines leidenden Menschen insgeheim: *Stirb, wenn Du willst, ich bin*

> *in Sicherheit.* […] Man kann seinen Mitmenschen unter seinem Fenster ungestraft umbringen; er braucht sich nur die Ohren zuzuhalten und sich ein paar Argumente zurechtzulegen, um die Natur, die sich in ihm empört, daran zu hindern, ihn mit dem zu identifizieren, den man meuchlings ermordet« (1993 [1755], S. 147, 149; Hervorhebung von J. B.).

Rousseaus Kritik an der Aufklärung richtete sich gegen die angebliche Vernünftigkeit des Selbstschutzes und des eigennützigen Individuums, mit der die Verbundenheit mit anderen geleugnet wird, und stellt ihr die unwillkürlich und unaufgefordert erfolgende Identifizierung gegenüber, die sich mit Fug und Recht als eine erste, nicht auf Unterweisung beruhende Reaktion unserer Natur sehen lässt. Es ist fraglich, ob Empathie nicht unserer Soziabilität, sondern unserer animalischen Natur zuzuschreiben ist, doch aus Rousseaus Sicht entwickelt sich die Verstandestätigkeit – das heißt, das cartesianische denkende Subjekt, das zum Anderen als einem Objekt oder Es in Beziehung tritt – durch dissoziative Prozesse, die auf eine Abtrennung von den anderen hinwirken, oder durch das Tolerieren der Abkopplung, die uns bereits widerfahren ist. Die Fähigkeit, auf Dissoziation, Abkopplung und Selbsterhaltung zu setzen, wenn eine für Bedürfnisbefriedigung sorgende Abhängigkeitsposition gefahrvoll oder nicht verfügbar ist, wird von bestimmten Formen intellektueller Aktivität zweifellos begünstigt (darin stimmen zumindest Psychologen überein, die eine neurologische Perspektive einnehmen und an Bindungsprozessen ansetzen [Schore, 2003; siehe auch McGilchrist, 2009]).

Von einer weniger polarisierenden psychologischen Position als der Rousseaus aus betrachtet ließe sich vielleicht sagen, dass in den meisten Menschen beide psychischen Einstellungen – Mitgefühl wie auch Selbstschutz – existieren und dass wir in einem Großteil unserer sozialen Denkprozesse damit beschäftigt sind, wie wir den Konflikt zwischen beiden Selbstaspekten leben können. Aus der Position des moralischen Dritten sind wir in der

Lage, diesen Konflikt in uns selbst anzuerkennen und uns um seine Transformation zu bemühen – indem wir den Impuls, uns selbst zu schützen, nicht verleugnen, sondern seine Ursprünge untersuchen. Das jeweilige Gewicht altruistischer bzw. aggressiver Strebungen ist hier nicht mein Thema. Vielmehr schlage ich vor, dass wir die inverse Abhängigkeitsbeziehung zwischen Anerkennung und Verleugnung analysieren: Wie kann beispielsweise das Verwehren von Anerkennung Rachewünsche und Opferrolle verfestigen (Berger, 2013), oder wie kann umgekehrt das Erfahren von beglaubigender Anerkennung Voraussetzungen für Mitgefühl oder die Anerkennung des Leids anderer schaffen?

Unter dem Blickwinkel der psychoanalytischen Theorie der Anerkennung behaupte ich, dass Bemühungen, über die Wiederherstellung der Welt und des Dritten nachzudenken, nicht nur eine abstrakte Idee von Gleichheit oder Gerechtigkeit voraussetzen, sondern darüber hinaus auch ein Verständnis der Nachwirkungen kollektiver Traumata. Wir müssen begreifen, was es bedeutet, Spaltung und Dissoziation in Bezug auf Verletzung und Leiden, Macht und Hilflosigkeit zu überwinden.

Auf die fatale historische Assoziierung von Vernunft mit Individualität und Selbstschutz (Adorno und Horkheimer) statt mit sozialer Verantwortlichkeit und Verbundenheit kann ich an dieser Stelle nicht näher eingehen. Entscheidend ist, dass die liberale Konzeption von Gerechtigkeit und sozialer Verantwortung sich immer als inadäquat erwiesen hat, mit der furchtbaren Potenz des Konzepts »Leben kann nur einer« umzugehen. Andererseits wirft das absolute Beharren auf einer asymmetrischen Verantwortlichkeit für den Anderen – eine derzeit von Psychoanalytikern, die sich auf Lévinas berufen (siehe Orange, 2011), vertretene Position, von der aus der Andere als »entblößt« und über der eigenen Person stehend betrachtet wird – aus meiner Sicht dieselbe psychologische Frage auf, ob Platz sowohl für uns selbst wie auch für den Anderen da ist. Führt diese Asymmetrie der Verantwortung, die nicht durch Wechselseitigkeit abgemildert wird, möglicherweise zu einer Vorstellung der Selbstverleugnung, die am Ende umschlägt und sich gegen den Anderen richtet? Ist es möglich, für den Anderen so viel Leben zu erhoffen und zu erstreben, wenn wir es uns selbst absprechen? Wir geraten dadurch in eine unhaltbare ethische Position. Wie schon erwähnt, könnte man sagen, dass in den meisten von uns beide psychischen Einstellungen – Mitgefühl wie auch Selbstschutz – existieren und dass wir diesen Konflikt in uns selbst anerkennen und dabei zu verwandeln versuchen – nicht indem wir den Impuls verleugnen, uns aus Gründen des Selbstschutzes abzuwenden, sondern indem wir seiner Entstehung nachgehen.

Um es noch einmal zu sagen: Worum es mir geht, ist die Untersuchung der Abhängigkeitsbeziehung zwischen Anerkennung und Verleugnung unter umgekehrten Vorzeichen, zum Beispiel, wie Anerkennung die eigene Zivilcourage weckt, während fehlende Anerkennung Vergeltungswünsche und Opfergefühle verstärken kann. Und vice versa, wie dann, wenn man die Anerkennung bekommt, die gefehlt hat, die Fähigkeit entstehen kann, Mitleid zu empfinden und das Leid anderer beglaubigend anzuerkennen.

Eine hilfreiche allgemeine Perspektive auf diesen komplementären Gegensatz könnte sich aus Melanie Kleins Konzept der paranoiden Position ergeben, demzufolge die Spaltung in gute und böse Objekte zu überwinden ist mittels der depressiven Position, in der sowohl gute als auch böse Aspekte als Anteile des Liebesobjekts gesehen werden. Die von mir formulierte intersubjektive Sichtweise auf das Dritte ermöglicht es uns, die von Klein beschriebenen Positionen bezüglich der Spaltung zwischen Gut und Böse weiter auszudehnen. Das heißt, in der einen Position wird die Welt in diejenigen gespalten, die leben dürfen, und diejenigen, die sterben müssen, während die andere Position auf ein Drittes verweist, in dem alle leben sollten, weil alle als Teil eines Ganzen miteinander verbunden und aneinander gebunden sind. »Es kann nur einer leben« ist eine weitere Spielart der Komplementarität zwischen Täter und Opfer, die sich manifestiert, wenn das rechtmäßige Dritte – »alle verdienen zu leben« – fehlt. Wenn das Dritte versagt, scheint es außer der »animalischen Geste des Überlebens« (Grand, 2000) keinen Ausweg zu geben aus dem verheerenden Ort, wo die anderen dem Tod ausgeliefert sind.

Natürlich ist die Vorstellung, dass nur einer leben oder gedeihen kann, so alt wie die Geschichte von Kain und Abel, und sie reicht über Isaak und Ismael direkt hinein in unsere Gegenwart. Für uns ist es vielleicht auch interessant, darauf hinzuweisen, dass Freud den Ödipusmythos, die Ablehnung des Dritten, als zentrale Metapher für den Kampf auf Leben und Tod wählte und nicht diesen ersten Abstammungsmythos aus dem religiösen Grundlagentext unserer abendländischen Gesellschaft.

Man könnte behaupten, dass diese Geschichte bzw. ihre Grundannahme selbst eine Quelle für Angst und Leid sei, aber die Behauptung, dass der Konflikt zwischen Brüdern auf Mangel zurückzuführen sei, lässt den psychologischen Aspekt partiell unberücksichtigt: Die Implikation dieses frühen Mythos ist, dass nur *ein* Kind auserwählt war, und in anderen Fällen, dass jene, die umkamen, nicht betrauert, nicht geachtet wurden und niemand für sie betete; oder dass sie starben, weil sie schwach waren und abgestoßen wurden, oder dass jene, die starben, nicht gewollt waren oder aber, im Gegenteil, zu Opfern des Neides wurden. Vielleicht lassen sich solche Vorstellungen am ehesten als Ausdruck unserer kindhaften Bemühungen verstehen, die Identifizierung mit den Untergegangenen zu vermeiden, um die panische Angst davor, ihr Schicksal teilen zu müssen, abzuwehren.

Was uns die klinische Erfahrung mit manischen Zuständen und Größenwahnbildungen zu verstehen ermöglicht, ist die Art und Weise, wie Individuen ihr Überleben oder ihren Erfolg rationalisieren, damit sie ihre Angst abspalten können, sie selbst seien diejenigen, die emotional von ihrer Familie oder Gemeinschaft verstoßen, nicht anerkannt und dem Untergang überlassen werden.

Wenn diejenigen, die überleben, die Identifizierung mit denen verweigern, die zugrunde gehen, ist das, wie bereits erläutert, ein ganz und gar üblicher Aspekt des Selbstschutzes, den wir durch Moralisieren nicht aus der Welt schaffen können. Er kann sich als eine manische Abwehr gegen Verletzlichkeit zeigen, aber auch als reflexhaftes Abschalten angesichts von Schmerz oder Furcht. Ein anderer Prozess liegt vor, wenn sich eine solche Desidentifizierung in einer Weise in die kollektive Psyche eingräbt, die das Zufügen von Verletzungen rechtfertigt und duldet oder es ermöglicht, dass Leid, das eigentlich zu verhindern wäre, als das verdiente Schicksal der Unwerten – »die, nicht wir« – aufgefasst wird. Offenbar leiten sich der Hass auf Flüchtlinge und Immigranten, den wir derzeit erleben, und die Leugnung von Verantwortung für diejenigen, deren Lage »wir«, historisch gesehen, mit herbeigeführt haben (etwa durch die Invasion im Irak, ganz zu schweigen von früheren neokolonialen Interventionen), aus genau dem Empfinden ab, dass uns selbst kaum mehr Wertschätzung, Schutz und soziale Sicherheit gewährt wird als denen, von denen »wir« uns bedroht sehen. Das heißt, reale gesellschaftliche Verhältnisse scheinen uns immer wieder Bestätigung und konkrete Anhaltspunkte dafür zu liefern, dass nur entweder »wir« oder »sie« überleben werden.

Die Einstellung des nur auf das eigene Überleben bedachten Zuschauers bestätigt auf problematische Weise, was jene glauben, die Hass auf den Anderen zum Ausdruck bringen: Dass es nur die Wahl gibt, in Sicherheit zu sein, das heißt in der Position des Beobachters, der sich vom Anderen distanziert – oder aber selbst der gefährdete Andere zu sein. Nur einer kann leben. Der Blick in die Geschichte zeigt, dass der Zuschauer, wie er in den Medien verkörperlicht ist, sich oft davor fürchtet, die Seiten zu wechseln, indem er gegen die Konventionen verstößt und angesichts des Entsetzlichen aufschreit und öffentliches Aufsehen erregt. Vor allem in den USA haben gewählte Amtsträger viele gesellschaftliche Missstände wie die Zustände in unseren Gefängnissen oder Internierungslagern für Immigranten bewusst ignoriert, weil eine vorherrschende Strategie der Delegitimierung darin bestand, Funktionsträger zu verspotten, die allzu »weichherzig« seien. Die politische Unterteilung in weich und hart, die sich mit der in links und rechts deckt, wird zu einer besonders problematischen Ausprägungsform einer Aufspaltung, welche die Auseinandersetzung mit dem eigentlichen Dilemma von Hilflosigkeit und Dissoziation verhindert und es mit Kategorien von Ordnungsmäßigkeit und Widerstand gegen Ordnungsmäßigkeit überdeckt: Beide Seiten beanspruchen für sich eine Position entrüsteter Eigenständigkeit, und keine stellt sich der Angst vor dem Leid.

Das schuldbewusste Zuschauen vermag die Barriere zwischen dem Einen, der zuschaut, und dem Anderen, der leidet, nicht abzubauen oder niederzureißen, und ebenso wenig deckt es den imaginären, phantasmatischen Charakter dieser Unterscheidung auf – denn unter dem Blickwinkel des moralischen Dritten ist sie imaginär –, selbst wenn der Schmerz, den diese Unterscheidung rationalisiert und aufrechterhält, ganz real ist. Schuldgefühle oder moralische Empörung sind eine einfache Umkehrung der Verleugnung, die die Verweigerung der emotionalen Identifikation und Empathie nicht heilen kann. Schuldgefühle dienen gar zu oft nur der Aufrechterhaltung einer Spaltung von Geretteten und Verworfenen. Diese Verweigerung ist für eine bestimmte Form des Schuldgefühls charakteristisch, nämlich das des Zuschauers. Sein Schuldgefühl ist nicht das Schuldgefühl, das das innere »Böse« anzuerkennen vermag oder die Ubiquität von destruktiven Fantasien (Rachefantasien, Geschwistertriumph, angefangen damit, dass der begünstigte Bruder in eine Grube geworfen wird, bis hin dazu, dass man dem Feind ein Messer an die Kehle hält); es bürdet sie vielmehr projektiv dem Anderen auf. Es ist ein reueloses Schuldgefühl, ein Schuldgefühl bar jeder Verantwortlichkeit. Im Gegensatz dazu können wir viel von jenen wirklichen Zeugen lernen, die den Verlust und das Leiden als Frucht der Gewalt akzeptieren konnten, deren Narrativ und deren Zeugnis unsere Dissoziation aufhebt und die Möglichkeit eines Abrückens von konventionellen Positionen à la Opfer – Täter, Gewürdigte – Missachtete und Überlebende – Todgeweihte aufzeigt.

Schuldgefühle können die Reaktion des Überlebenden dürftig verschleiern, wenn er seine Identifizierung mit jenen, die untergehen, aufgibt – eine Abwehr der eigenen Verwundbarkeit. Die Kehrseite des Schuldgefühls sind die Vorstellungen von kultureller Überlegenheit oder Sieg, die Grundlage der Rechtlosigkeit. Versehrtheit und Leiden werden dann als das verdiente Schicksal der Gescheiterten, der Schwachen ausgegeben und legitimiert. Die triumphierende Affirmierung der Trennlinie zwischen dem Gewürdigten und dem Missachteten verwehrt denen, die das Trauma erlitten haben, die Anerkennung, die sie brauchen, um das Gefühl wiederzuerlangen, einen Wert zu haben und handlungsmächtig zu sein.

Zeugenschaft und Wiederherstellung des moralischen Dritten

Die Verweigerung der sozialen Beglaubigung von Verletzungen, die Opfern zugefügt wurden, affirmiert eine gesetzlose Welt und verleugnet, dass Gräueltaten oder Vernachlässigung vielleicht *vermeidbar* waren. Möglicherweise liegt dieser Mangel an öffentlicher Anerkennung den lärmenden Beteuerungen der Opferrolle zugrunde, die so viele legitime politische Bestrebungen pervertieren. »Nur einer kann leben« wurde übersetzt in »Nur unser Leiden zählt«. Als Opfer ist man häufig hin- und hergerissen zwischen Zweifeln an der Bedeutsamkeit des eigenen Leidens und Rachewünschen (siehe Berger, 2013). Wenn Menschen das Gefühl haben, dass die Welt die Wahrheit dessen, was man ihnen angetan hat, verleugnet und ausblendet, wird eine Art Wahnsinn (ein Selbstzustand) erzeugt, und dieser Wahnsinn kann weitere Gewalt nach sich ziehen. Wenn sich der Zeuge verweigert, bezeugt das Opfer *trotzdem* – durch seine Handlungen oder sogar durch seine Rache.

Weiterhin: Wenn man verleugnet, welch schweres Unrecht den Opfern angetan wurde, werden soziale Bindungsbeziehungen und damit die daraus entstehenden Fürsorgepflichten zerstört. Diese Vorstellung von sozialer Bindung an das Ganze ist eine Voraussetzung der ethischen Position des Dritten, und sie ist für *Ubuntu*, die südafrikanische Tradition, die solch tiefgreifenden Einfluss auf die Wahrheits- und Versöhnungskommission ausgeübt hat, von zentralem Stellenwert. Desmond Tutu definiert *Ubuntu* wie folgt:

> »Es ist, als ob man sagt: ›Mein Menschsein ist mit deinem untrennbar verbunden.‹ […] Wir sagen: ›Ein Mensch wird durch einen anderen Menschen zum Menschen.‹ […] Eine Person mit *ubuntu* […] besitzt eine ausgeprägte Selbstsicherheit, die von dem Wissen herrührt, dass er oder sie einem größeren Ganzen angehört. Sie fühlen sich beeinträchtigt, wenn andere gedemütigt oder gefoltert oder unterdrückt werden oder wenn man sie so behandelt, als wären sie weniger wert« (2001 [1999], S. 34).

Unsere Menschlichkeit beruht darauf, dass wir einander und unsere unhintergehbare Verbundenheit anerkennen. Die Überzeugung, dass die eigene Menschlichkeit nicht nur den Respekt, der einem entgegengebracht wird, sondern auch die Anerkennung vertieft, die man anderen entgegenbringt, und dass tatsächlich die eigene Würde wächst, indem man anderen Anerkennung zollt, ist ein radikaler Teil der *Ubuntu*-Perspektive, ein Ethos, das explizit ebenjene Position repräsentiert, die ich als das »moralische Dritte« bezeichne.

Wenn sich die Welt weigert, Zeugnis abzulegen, verletzt sie, aus der Ubuntu-Perspektive gesehen, uns alle, denn diese Verweigerung durchtrennt die soziale Verbundenheit. Das wechselseitige Angewiesensein auf Anerkennung in *Ubuntu*, das aus meiner Sicht ein fundamentales Prinzip der Theorie der Anerkennung ist, umfasst nicht nur die individuell verkörperlichte Funktion von Empathie oder Hinwendung, sondern auch die symbolische Funktion, die das »Gesetz« der wechselseitigen Verbundenheit bekräftigt. Die Funktion des Zeugen verbindet Empathie und

Rechtmäßigkeit miteinander, in der Anerkennung der Menschlichkeit des Anderen, im Fordern von Respekt vor seinem Leid und im Aufzeigen der moralischen Übertretung, die seine Verletzung bedeutet. Der Zeuge bekräftigt zugleich, dass bestimmte Handlungen den Erwartungen, wie mit menschlichen Wesen umzugehen ist, zuwiderlaufen und somit das Gefüge von sozialer Bindung und Verantwortlichkeit durchbrechen. Fehlt beglaubigende Anerkennung, so verschlimmern sich unsere eigene Ohnmacht, Entfremdung und Verzweiflung als Zuschauer, auch dann, wenn dieser Zustand der Hilflosigkeit häufig als so selbstverständlich betrachtet wird, dass er in den unkommentierten Abgrund der Verleugnung fällt. Weil die Bestätigung, dass moralische Erwartungen und Bindungen verletzt worden sind, jeder beglaubigenden Anerkennung eines Traumas inhärent ist, bekräftigt das Zusammenwirken von Anerkennung des Individuums und Wiederherstellung der sozialen Bindungen das moralische Dritte. Das Gewähren wie auch das Einfordern solcher beglaubigender Anerkennung sind wesentliche Formen der Handlungsmächtigkeit, und die Wiedergewinnung von Handlungsmächtigkeit spielt für die Heilung von Traumata eine entscheidende Rolle (van der Kolk, 2014).

Pumla Gobodo-Madikizela hat, aus der *Ubuntu*-Perspektive, die wechselseitige Beziehung zwischen dem Fordern und dem Gewähren von beglaubigender Anerkennung eingehend untersucht. Ausgehend von ihrer Arbeit in der Wahrheits- und Versöhnungskommission versucht sie zu zeigen, wie Zeugenschaft und das Einfordern des Rechts auf Entschädigung die Funktion erfüllen können, nicht nur beglaubigende Anerkennung zu fordern, sondern auch die moralische Gemeinschaft wiederherzustellen, das rechtmäßige Dritte, also das Prinzip, dass wir alle Menschen sind, dass Verletzlichkeit und Leid gewürdigt und mit Sinn für Gerechtigkeit betrachtet – also geachtet anstatt missachtet – werden müssen. In diesem Sinn verstanden, kann das Opfer das moralische Dritte wieder einsetzen und zur Heilung der Welt beitragen, auch wenn der Verlust geliebter Menschen niemals ungeschehen gemacht werden kann. Aber diese geliebten Menschen werden zumindest nicht durch Verleugnung entehrt und erniedrigt. Wenn wir Zeugenschaft einfordern, bestätigen wir das Dritte genauso gut, als wenn wir selbst Zeugnis ablegen.

In den meisten Fällen von traumatischer Misshandlung ist es bereits zu einer Verweigerung der Zeugenschaft (Frankel, 2002) durch einen passiven Beobachter gekommen (siehe Staub, 2011). Um es noch einmal zu sagen: Wenn ein individuelles oder kollektives Trauma geleugnet und die Störung der Rechtmäßigkeit als normal hingestellt wird, schwanken die Opfer oft zwischen Zweifeln an der Wichtigkeit ihres Leids und dem Verlangen nach Vergeltung hin und her. Das Gefühl, dass dem eigenen Leid die Anerkennung versagt bleibt, kann der Nährboden für weitere Gewalteskalationen sein, wenn im Opfer nämlich das Empfinden von Verrat und Unrechtmäßigkeit den Impuls weckt, durch Gewaltakte der Welt zu zeigen, was es erlitten hat. Wenn der Zeuge versagt, legt das Opfer vor der Welt, die den Blick von seinem Leid abgewandt hat, mit seinem Handeln oder gar seiner Rache *trotzdem* Zeugnis ab. Die mit diesem Prozess häufig einhergehende Verletzung sozialer Bindungen verstärkt die eigene Hilflosigkeit und die möglichen Eskalationen noch weiter, vor allem dann, wenn die negativen Empfindungen und die daraus resultierenden Verhaltensweisen als selbstverständlich und unvermeidlich hingenommen, in ihrer eigentlichen Mitteilungs- und Aussagekraft also weiterhin verleugnet werden.

Die beglaubigende Anerkennung in der Praxis

Bei der Organisation des »Acknowledgement Project« in Israel und Palästina auf dem Höhepunkt der zweiten Intifada war ein Leitgedanke, dass die Weigerung der Weltgemeinschaft, Verantwortung zu übernehmen, den Hintergrund bildete, vor dem sowohl die gewaltsamen Aktionen der palästinensischen Seite als auch die der Besatzungsgewalt der Israelis erfolgten. Die Passivität der Weltmächte, insbesondere der USA und Europas, die sich als verantwortlich dafür erklärt hatten, zu intervenieren und zu verhandeln, wobei sie offensichtlich die israelische Seite »bevorzugten«, wurde nicht als ein günstiger Umstand, sondern als Ermöglichung weiterer Gewalt gesehen. In der Phase der Vorbereitung auf das Projekt fand der zweite Libanonkrieg statt, und es erfolgten militärische Angriffe auf den Gazastreifen. Es war offenkundig, dass keine der beiden Seiten sich in irgendeiner Weise beschützt fühlte.[4] Diese Verweigerung der Zeugenschaft durch die Weltmächte sollte in unserem Projekt durch die Anwesenheit eines großen internationalen Teams thematisiert werden, dessen Rolle darin bestand, das Dritte zu verkörpern, die Welt als Zeugin. Allerdings kam das Szenario, das bei unseren Großgruppentreffen durchgespielt wurde, eher dem der verweigerten Zeugenschaft nahe. Das internationale Team war oft von dem psychischen Drang bestimmt, die Rolle des Dritten zu spielen, der andere verrät und im Stich lässt. Wie der wegschauende Elternteil, der zum Ermöglicher von Inzest oder Kindesmissbrauch wird (Davies & Frawley, 1994), ist die Figur dessen, der das Opfer im Stich lässt, zentral für die Erfahrung der verweigerten Zeugenschaft und trägt dazu bei, dass passive Beobachter – zumindest im Erleben des Opfers – praktisch im selben Licht erscheinen wie Täter.

---

4 Der israelische Ministerpräsident Ehud Olmert sagte in einer Rede nach der Bombardierung ziviler Flüchtlinge in Kfar Kana 2006: »Jedes menschliche Herz, wo auch immer es ist, muss angesichts solcher Bilder vor Jammer und Elend erschaudern.« Die israelische Regierung werde aber aufgrund der Erfahrung im Holocaust, dass auf die Welt da draußen kein Verlass sei, die Bombardierung fortsetzen: »Und das, meine Damen und Herren, Anführer der Welt, wird nicht wieder geschehen. Wir werden nie wieder auf Bomben warten, die niemals kamen, um die Gaskammern zu treffen. Wir werden nie wieder auf Rettung warten, die niemals eintrifft. Heute haben wir unsere eigene Luftwaffe. Das jüdische Volk ist heute in der Lage, sich gegen die zur Wehr zu setzen, die auf seine Vernichtung aus sind – diese Leute werden sich nicht länger hinter Frauen und Kindern verstecken können. […] Gern können Sie uns verurteilen, uns ächten, uns boykottieren und uns schmähen. Aber uns töten? Das auf keinen Fall« (*Jerusalem Post*, 13. August 2006).

Doch während in den Großgruppensitzungen die Dynamik der verweigerten Zeugenschaft in Szene gesetzt wurde und Mitglieder den entsprechenden Mangel an Schutz angesichts des Anderen verspürten, erschlossen die Kleingruppentreffen einen ganz anderen Raum, in dem beglaubigende Anerkennung und Bindung möglich waren und die Teilnehmenden sich der Erfahrung von Leid und Realität des Anderen zu öffnen vermochten. Es wurde deutlich, dass in der Großgruppe die erwartbaren narrativen Muster und Gruppenidentitäten zutage traten und eine Barriere errichteten, die jener primären Empathie mit dem Leid des Anderen und somit der beglaubigenden Anerkennung von Verantwortung für Verletzungen im Weg stand. Diese Art von Verantwortungsbewusstsein musste mit dem Prozess zusammengeführt werden, in dem die Mitglieder dem Anderen sorgsam zuhörten und seine Geschichte nicht als Identitätsnarrativ, sondern als verkörperlichte Erfahrung begriffen.

Das Bedürfnis des Anderen nach Anerkennung konnte stets zu einer Bedrohung des eigenen labilen Empfindens werden, Anerkennung für sich und für die der eigenen Gruppe zugefügten Verletzungen zu erhalten. In jedem Augenblick konnte ein Kampf um Anerkennung entfesselt werden. In der Großgruppe äußerte ein Israeli die Überzeugung, die Gefährdung seiner eigenen Seite sei von vorrangiger Bedeutung und werde von den Palästinensern völlig ausgeblendet. Dem Zustand eines posttraumatischen Hyperarousals, in dem er sich befand, entsprach auf der palästinensischen Seite die Wut darüber, dass wieder einmal die ihr zugefügten Verletzungen nicht anerkannt und gewürdigt, sondern – ein vertrautes narratives Muster – im Namen israelischer Bedürfnisse nach Sicherheit gerechtfertigt wurden. Bei den israelischen Teilnehmenden herrschte eher das Gefühl vor, dass ihren engagierten Bemühungen um Restitution, die in ihrem fortgesetzten politischen Protest gegen die Besatzung und ihren Hilfseinsätzen in der West Bank zum Ausdruck kamen, die Anerkennung verwehrt wurde. Der Kern des Dilemmas schien zu sein, dass es den Palästinensern schwer fiel, zu glauben, dass ihr

Leid und ihre Verletzungen Anerkennung finden würden, wenn sie ihren »moralischen Vorsprung« aus der Hand gaben: Sobald sie den Israelis die Anerkennung zugestanden, die sich diese dafür wünschten, dass sie für die Palästinenser Partei ergriffen und sich gegen die Besatzung engagierten, hätten sie, die Palästinenser, keinen moralischen Vorteil mehr gegenüber denen, die ein wesentlich privilegierteres Leben führten. Die dahinterstehende Prämisse »Nur einer kann leben« wurde, wie so oft, in »Nur einer kann Anerkennung finden« übersetzt – in »Nur eine Gruppenidentität hat einen Wert«.

Im Kontrast zu diesem Gegeneinander von Identitäten war es in der Kleingruppe möglich, eine dritte Position einzunehmen, in der Mitglieder ihre Rolle als Soldaten oder Kämpfer reflektieren oder zuhören konnten, wenn Einzelne detailliert von der Gewalt, der sie ausgesetzt gewesen waren, oder von der Verzweiflung berichteten, die sie verspürten, weil Angehörige ihrer Familie daran beteiligt waren, den Kreislauf der Gewalt in Gang zu halten – so wie der Neffe einer Israelin, der bald seinen Armeedienst antreten würde. Der Nullsummenkampf um Anerkennung nahm im selben Maße an Schärfe ab, wie sich die Einzelnen in der Lage sahen, sich in den Anderen hineinzuversetzen – zu geben und nicht nur zu empfangen.

Nach und nach wurde deutlich, wie sehr die Fähigkeit, Anerkennung zu gewähren und anzunehmen, zugleich von den Selbstzuständen der Teilnehmenden abhing und wie sich in diesen Selbstzuständen wiederum der höhere Grad an Containing in den Kleingruppen gegenüber der affektiven Überflutung in der Großgruppe widerspiegelte. Oft war es so, dass die Kleingruppen nicht Gruppenidentitäts-Narrative begünstigten, die Muster von Opfersein, Nichtanerkanntsein und Hilflosigkeit stützen, sondern vielmehr eine verkörperlichte Erfahrung von Zeugenschaft, ein affektives Erleben der Präsenz des Anderen, ermöglichten. Diese gefühlte Präsenz bietet mehr Raum dafür, der eigenen Bedürfnisse und der Bedürfnisse der anderen gewahr zu sein. Außerdem entwickelten sich in den Zweiergesprächen zwischen Mitgliedern verschiedener Nationalitäten Erfahrungen von Zeugenschaft, die noch eindrücklicher waren.

Trotz der höchst beunruhigenden und schwer auszuhaltenden Momente, in denen die Evokation von Trauma und Gewalt eine Mischung aus Verzweiflung und Aggression entstehen ließ, wurde die Identifizierung mit dem Projekt und seiner Zielsetzung, ein Drittes zu bilden, zu einer Basis für die Bindung an die Gruppe als Ganzes. Die meisten Mitglieder waren in der Lage, die Spannung zwischen den Gruppennarrativen ihrer Nation und der symbolischen Funktion auszuhalten, die dem Projekt für die Anerkennung der Verletzungen zukam, die alle davongetragen hatten, insbesondere aber für die Anerkennung jener Verletzungen, die die Palästinenser während der mehrjährigen Phase eines erneuten Kriegszustands zu verkraften hatten. Wir Organisatorinnen und Organisatoren waren beeindruckt davon, wie die Mailingliste und einige Gelegenheiten für kleinere Treffen ein Gefühl der Solidarität untereinander wachhielten und während der Kriegsphasen der Jahre 2009, 2012 und 2014 eine Plattform dafür boten, tiefen Schmerz und Schuldgefühle zu äußern.[5]

Um eine Möglichkeit für wechselseitige beglaubigende Anerkennung unter derart asymmetrischen Bedingungen der Macht auf der einen und des Leids auf der anderen Seite zu schaffen, müssen wir mit vielen Paradoxien leben können. Jeder Mensch ringt auf seine je eigene Art mit einem verletzten, nicht anerkannten Anteil seines Selbst, der sich ganz als Opfer fühlen und das Leiden des Anderen lieber verleugnen möchte. Dieser Selbstanteil glaubt, Einfühlung in den Anderen führe dazu, dass ihm selbst Anerkennung verwehrt bleibe – Anerkennung könne nur einer erfahren. Die meisten Teilnehmenden waren aber, wenn sie direkt dazu aufgefordert wurden, an einer persönlichen Erfahrung Anteil zu nehmen, in der Lage, diesen verletzten Selbstanteil zugunsten eines Anteils, der dem Anderen Anerkennung und

5 Ein ausführlicherer Bericht findet sich bei Hadar (2013).

Empathie zu bezeigen vermochte, in den Hintergrund treten zu lassen.

Wir stellten fest, dass der verletzte, auf Selbstschutz bedachte Anteil am ehesten in Situationen mobilisiert wurde, in denen »Ressentiments« in einer nicht auf konkrete Personen bezogenen Weise, auf einer intellektuellen oder politischen Ebene und mittels rechtfertigender narrativer Muster und Legitimierungsversuche angesprochen wurden. Alle diese Äußerungsmodi gingen mit einem gewissen Grad der Dissoziation von dem konkreten Leid einher, auf das sie sich bezogen, und blockierten somit das Registrieren emotional verkörperlichter Zeugenschaft. Laut der Theorie der Affektregulation bewirken Hyperarousal (Kampf-oder-Flucht-Reaktion) und Dissoziation, dass sich das Fenster der Affekttoleranz schließt, und verhindern gemeinsam, dass bestimmte Emotionen im Zuge eines intersubjektiven Prozesses im eigentlichen Sinne erlebt und mitgeteilt werden können (Fosha et al., 2009). Auf diesem Kanal war es also nicht möglich, Anerkennung wahrzunehmen, auch wenn nach ihr verlangt wurde. Das Versagen der Zeugenschaft wird in solchen Momenten zu einem wechselseitigen Prozess, weil der Abbruch der Aufnahmebereitschaft gegenüber dem Anderen mit dem Fehlen von Empathie zusammenkommt und das rhythmische Dritte nicht vorhanden ist.

Wie häufig angemerkt wird, ist der Erfolg von Wahrheitskommissionen bislang recht unterschiedlich ausgefallen, und in Südafrika war das Ergebnis des Versöhnungsprozesses wirklich enttäuschend. Dennoch gilt die heilsame Wirkung, die Opfer erleben, wenn sie das Gefühl haben, dass ihrem Zeugnis wirklich zugehört wird, als eine wichtige Transformation der traumainduzierten Hilflosigkeit (Herman, 1992; Felman & Laub, 1992; Minow, 1998; Gobodo-Madikizela, 2002; van der Kolk, 2014). Wie den Opfern zugehört wird, ist in meinen Augen ein komplexes Thema; verallgemeinernde Aussagen lassen sich nicht treffen, ohne den spezifischen Kontext zu berücksichtigen, etwa ob die Gewalt aufgehört hat oder ob es Bemühungen um restaurative

Gerechtigkeit gab. Eine weitere wichtige Unterscheidung, die zu treffen ist, ist die zwischen beglaubigender Anerkennung in Form empathischen Zuhörens und in Form einer offiziellen Zuerkennung von Rechtmäßigkeit. Als im Jahr 2004 in Chile die Kommission zur Folter Tausende Überlebende von Pinochets Foltersystem befragte, erzählte mir ein Kommissionsmitglied von einem hochrangigen Anwalt, der eng mit dem damaligen Präsidenten von Chile zusammenarbeitete. Zwar sei dem Präsidenten, sagte der Anwalt, durchaus bekannt gewesen, was ihm in der Gefangenschaft widerfahren sei, doch er habe erst, als er der Kommission von den Einzelheiten seiner Folterung berichtete, wirklich das Gefühl gehabt, Gehör zu finden, und echte Erleichterung verspürt. Viele Menschen waren tief bewegt, als sich nach der Veröffentlichung des Kommissionsberichts die chilenische Armee zu ihrer Verantwortung bekannte und um Vergebung bat; es gab aber auch andere, bei denen schmerzliche Erinnerungen wach wurden, als ihnen die Wahrheit des Erlittenen bestätigt wurde, und die sich an die Psychotherapeuten des Instituto Latinoamericano de Salud Mental y Derechos Humanos (ILAS; Lateinamerikanisches Institut für psychische Gesundheit und Menschenrechte) wandten (Cordal & Mailer, 2010; Cordal, 2005; Castillo & Cordal, 2014).

Würdigung als heilsame Restitution der Welt

Als ich mich an der Unterstützung des Dialogs zwischen Palästinensern und Israelis beteiligte, haben wir erkannt, wie schwierig es *in vivo* war, sich vorzustellen, dass die politisch schwächere Seite imstande sei, der anderen Seite etwas zu geben, wonach diese dringend verlangte – nämlich die Anerkennung ihrer Wiedergutmachungsbemühungen und ihres Schmerzes über die von ihr zugefügten Verwundungen. Unter anderem könnte es, wie ich zeigen werde, darum gegangen sein, dass das Bedürfnis unerfüllt blieb, Anerkennung dafür zu erfahren, wie das eigene Gefühl der eigenen Menschlichkeit und Würde kompromittiert wird, sobald man sich auf der starken Seite befindet, sei es als Zuschauer oder – in manchen Fällen – als Täter. Wie wir sahen, vertritt Gobodo-Madikizela die Auffassung, dass Protest und Zeugnis der Opfer und ihr Bestehen auf dem Recht auf Entschädigung die Funktion haben, nicht nur beglaubigende Anerkennung einzufordern, sondern auch die moralische Gemeinschaft wiederherzustellen. Das Verlangen, Gehör zu finden, wirkt insofern heilsam, als es das Prinzip bekräftigt, dass wir alle menschliche Wesen sind, dass Verletzlichkeit und Leid gewürdigt und mit Sinn für Gerechtigkeit betrachtet – also geachtet anstatt missachtet – werden müssen.

Gobodo-Madikizela hat in ihren bemerkenswerten Berichten über Begegnungen von Tätern und Opfern klarer herausgearbeitet, wie durch restaurative Gerechtigkeit eine Erholung von Traumata möglich werden kann. Die Reue und die beglaubigende Anerkennung, die sie bei Tätern des Apartheid-Systems selbst beobachten konnte, haben sie dazu gebracht, ihre außergewöhnlichen Vorstellungen von der Stärke des *Ubuntu*-Ethos und von den verkörperlichten Aspekten des rhythmischen Dritten zu entwickeln (Gobodo-Madikizela, 2013). In ihrer bereits erwähnten grundlegenden Studie *Das Erbe der Apartheid – Trauma, Erinnerung, Versöhnung* (2006 [2003]) schildert sie ihre Begegnungen mit Eugene de Kock. Dem einstigen Führer der Geheimpolizei, der für viele Morde verantwortlich war, wurde eine Amnestie verwehrt, und er wurde zu zweimal lebenslänglich und über 200 Jahren Haft verurteilt. Einige Zeit nach Gobodo-Madikizelas Gesprächen mit ihm bat de Kock um eine Begegnung mit den Ehefrauen der Männer, deren Tötung er befohlen hatte, und äußerte ihnen gegenüber Reue: »Ich wünschte, ich könnte Ihre Ehemänner zurückholen.« Wie eine der Frauen sagte, war sie »tief berührt von ihm, besonders als er sagte, er wünschte, er könnte unsere Ehemänner zurückholen« (Gobodo-Madikizela, 2002, S. 17).

Gobodo-Madikizela zeigt, wie das Fördern von Reue durch das Angebot einer möglichen Vergebung etwas im Bewusstsein des Täters verändert, aber auch in den sozialen Bindungen, die zum Kontext der Gewalt gehören. Sie beschreibt eine Form der restaurativen Gerechtigkeit, bei der die Täter der Vergebung einen hohen Wert beimessen, weil sie ihre Anbindung an die Gemeinschaft wiederherstellt.[6] Eine Geschichte, die in mehreren Filmen dokumentiert wurde und noch nicht abgeschlossen ist (siehe Laufer & Laufer, *One Day After Peace*, 2012), ist die von Letlapa Mphahlele, einem schwarzen Kommandanten der Azanian People's Liberation Army (APLA; bewaffneter Arm des ANC), die ein Café angriff und dabei ein weißes Mädchen tötete. Ginn Fourie, die Mutter des Mädchens, hatte den Wunsch, ihm zu vergeben, um ihren inneren Frieden finden zu können. In dem Film erklären Letlapa und die Kämpfer, die den Angriff ausführten, wie Ginn Fourie dadurch, dass sie eine Verbindung zu ihnen aufbauen wollte, »uns unsere Menschlichkeit zurückgegeben hat«.[7] Anzumerken ist hier, dass Letlapa nicht vor der Wahrheits- und Versöhnungskommission erschien, weil er sich weigerte, sich von seinen Taten zu distanzieren, und geltend machte, auch Zivilisten seien kolonialistische Siedler. Fourie respektierte seinen politischen Standpunkt, beharrte aber dennoch darauf, sich mit ihm

6 Auch für die Gacaca-Prozesse in Ruanda lautete das zentrale Argument, dass sie der Reintegration Einzelner in die Gemeinschaft und der Heilung sozialer Bindungen dienen sollten. Im Zusammenhang mit diesen Prozessen wird intensiv debattiert, wie wirkungsvoll sie waren, ob die Täter der Gerechtigkeit zu entkommen versuchten und wie die Ergebnisse zu bewerten sind. Auf die mit der Frage gerechter Ergebnisse zusammenhängenden Aspekte kann ich hier nicht eingehen, weil ich mich mit der Frage befassen möchte, welche Wirkungen eine bestimmte psychologische Funktion innerhalb einer sozialen Institution auf kollektive Traumata und die Vorstellung einer moralischen Gemeinschaft ausübt.

7 Aus den Interviews und Aussagen aus *One Day After Peace* (Laufer & Laufer, 2012), dem Film über die israelische Friedensaktivistin Robi Damelin, die der Basisbewegung *Bereaved Families Supporting Peace, Reconciliation, and Tolerance* angehört. Sie ging, nachdem ihr Sohn, während er seinen Reservedienst leistete, von einem Heckenschützen erschossen worden war, in ihr Geburtsland Südafrika zurück, um dort zu erkunden, wie Gewalttaten durch Versöhnungsbemühungen aufgearbeitet wurden.

versöhnen zu wollen. Sie einigten sich darauf, eine Stiftung für ehemalige Kämpfer zu gründen; sie sollte die jungen Männer bei der Reintegration in die Gesellschaft unterstützen, und Letlapa schlug vor, sie nach Fouries Tochter zu benennen. Fourie und Letlapa bauten eine Beziehung zueinander auf, in der der Bezug, den beide zur selben Tragödie hatten, echte Empathie füreinander entstehen ließ. In dem Film ist Letlapa, als Fourie ihre Geschichte in der Öffentlichkeit erzählt, sichtlich berührt, obwohl er sie schon oft gehört hat, und erklärt, dass ihm das ihretwillen jedes Mal weh tut; es schmerzt ihn für sie, wenn sie ihre Geschichte »live« erzählen muss, anstatt dass das Publikum eine Filmaufzeichnung sieht.

Gobodo-Madikizela (2002) schildert, wie Letlapa Mphahlele einige Zeit nach diesen Geschehnissen Ginn Fourie einlud, eine Rede bei einer Zeremonie zu halten, mit der (in einem bewussten Schritt zur Reintegration früherer Kämpfer) seine Rückkehr in sein Heimatdorf begangen wurde. Sie brachte ihren Schlafsack mit, weil sie in der Hütte seiner Schwester untergebracht war und ihr das mühsame Waschen der Bettwäsche ersparen wollte. Als die Schwester aber am nächsten Morgen hörte, warum die Laken unbenutzt geblieben waren, sagte sie enttäuscht: »Ich wollte die Laken nicht waschen, ich wollte im Schweiß der Frau schlafen, die meinem Bruder verziehen hat.«

Die Kraft dieser Geschichte von Vergebung liegt für mich in der körpernahen Metapher von Haut und Schweiß, die für die Anerkennung des Menschseins des Anderen und für die Verbundenheit mit ihm steht und anschaulich macht, wie das körperliche Getrenntsein überwunden werden kann, auf das wir unsere Dissoziation vom Schmerz des Anderen gründen. In der Geschichte verbindet sich die Macht, durch die kleinste Geste, einen singulären, intimen Akt der Unterstützung und Verständigung Würde zuzusprechen, mit einem Moment der Überschreitung der üblichen Grenzen und der gesellschaftlichen Konventionen. Daraus ergibt sich ein eindrucksvolles Bild für das Aufgeben des Selbstschutzes zugunsten der Nähe zwischen Anderen, einander Fremden. Die Episode ist auch eine Veranschaulichung der *Ubuntu*-Ethik, welche die Position des Dritten in überzeugender Weise zum Ausdruck bringt: Sie stellt die übliche Abspaltung des Leids, das der Täter erfährt, und seines Bedürfnisses nach Rehumanisierung infrage und damit auch, allgemeiner gesprochen, das Getrenntsein von Individuen im Zeichen des Eigeninteresses. Es wird deutlich, dass die Würdigung des Leids und seiner Wiedergutmachung eine neue Grundlage dafür bietet, sowohl Täter wie Opfer zu humanisieren. Die Geschichte zeigt auch, wie trotz vieler Fehlschläge die Wirkungen, die die Wahrheits- und Versöhnungskommission hatte, über den institutionellen Einflussbereich hinausgingen, indem sie dem Ethos der Versöhnung Nachdruck verliehen.

Als ich einige Monate nach dem Gaza-Krieg bei einem psychoanalytischen Treffen in Israel die Geschichte von Letlapa und Fourie sowie Gobodo-Madikizelas Analyse vorstellte, regte dies einige palästinensische Mitglieder unseres Projekts dazu an, auf eindringliche Weise in Worte zu fassen, dass es in ihrer Macht als Opfer stand, zu vergeben, eine moralische Kraft zu sein und zu *handelnden Subjekten* zu werden. Die Idee, das Opfersein zu transformieren, das heißt, es als eine Position zu würdigen, aus der heraus wir dem Anderen Anerkennung gewähren können, kristallisierte sich heraus, als wir ausgehend von Gobodo-Madikizelas Einsichten Überlegungen zu den Schwierigkeiten des Workshop-Prozesses anstellten. Wie bereits erwähnt, hielten wir diese Idee, dass es in der Macht der politisch schwächeren Seite liegt, Anerkennung zu gewähren, in unserem Dialogprozess nicht für leicht umsetzbar. Man hätte denken können, dass es den Palästinensern leichter fallen würde, sich mit dem vom Täter empfundenen Verlust von Menschlichkeit zu identifizieren, wenn dieser von jungen schwarzen Männern bekundet wurde, die als Freiheitskämpfer Gewalttaten begangen hatten. Ich stellte aber fest, dass sich auch palästinensische Gruppenmitglieder, die bei der Präsentation nicht dabei sein konnten, in Richtung einer Anerkennung des Dilemmas, in dem der Täter steckt, bewegt und Vorstellungen von den eigenen Möglichkeiten entwickelt hatten, die Perspektive des moralischen Dritten zu wahren.[8]

Um zu dieser Einsicht zu gelangen, ist die Einfühlung in den Verlust des Täters[9] notwendig, was wiederum voraussetzt, die komplementäre Macht-Machtlosigkeit-Konstellation zu überwinden, in der das Ziel nur darin besteht, die Rollen zu tauschen. Die Vision eines gewürdigten Opfers verweist auf die Macht des Dritten, die Macht, den Anderen zu humanisieren und zu erlösen, sowie auf ein Bewusstsein der Gegenseitigkeit und Interdependenz, die dem moralischen Dritten zugrunde liegen.

Täterrolle und Menschlichkeit

Man kann die Überlegung, dass die Vergebung des Opfers dem Täter »Menschlichkeit verleiht«, damit vergleichen, dass dem Zuschauer Handlungsmächtigkeit zugesprochen wird, indem man ihm erlaubt, als Zeuge zu fungieren und das Gesehene beglaubigend zu bestätigen.

Nach dem Gaza-Krieg stellte einer der israelischen Teamleiter – das Team blieb während des gesamten Krieges über die Grenzlinien hinweg per E-Mail in Kontakt – Überlegungen zu seinem

8 Ein Teilnehmer erzählte, wie er im Auto mit seiner Familie einen Kontrollpunkt passieren wollte und, obwohl er einen »VIP-Pass« hatte, von einem Soldaten schikaniert wurde, der ihn sehr lange warten ließ. Als der Soldat sie schließlich durchwinkte, winkte der Sohn des Mannes im Babyalter, der auf der Rückbank herumkrabbelte, zurück. Dem Soldaten war anzusehen, wie entgeistert und verwirrt er war. Er hielt kurz inne und versuchte offenbar, sich darüber klarzuwerden, wie er denn in diesem Augenblick noch als ein Mensch wahrgenommen werden konnte. Dann winkte er dem Baby zurück.

9 Palästinensische Mitglieder taten sich erkennbar schwer damit, das Leid anzuerkennen, das Israelis bei Angriffen zugefügt wurde, oder nachzuvollziehen, dass Israelis die Ächtung drohte, wenn sie nach solchen Angriffen, die um sie herum Schmerz und Aggression auslösten, Kritik an der Besatzungspolitik übten. Für Palästinenser, die mit normalen Israelis (das heißt nicht mit Friedensaktivisten) arbeiten, ist es ebenso schwierig, irgendwelche Anerkennung für ihr Leid zu bekommen, was die Situation zweifellos noch verschärft.

Bedürfnis an, als Zeuge zu dienen und seine Solidarität anbieten zu dürfen. Er sei den Freunden und Kollegen in Gaza dankbar, dass sie seine unentwegten Anrufe, mit denen er habe herausfinden wollen, wie es ihnen gehe, und seine möglicherweise irrelevanten Fragen ertragen hätten. Dadurch habe er seine Menschlichkeit spüren können und sich nicht als gleichgültiger, mit dem Täter verbündeter Zuschauer, sondern als hilfreicher Zeuge erlebt. Ich selbst sprach einer Witwe in Gaza mein Mitgefühl aus, deren Sohn und Ehemann durch ein Geschoss starben, das auf das Haus abgefeuert wurde, nur weil ihre Silhouetten sich am Fenster abzeichneten, als sie schauen wollten, was die Panzer da jenseits der Felder machten. Dies schien für die Frau ein Zeichen zu sein, dass »die Welt« nicht wegschaute, während ich selbst das Gefühl hatte, meiner großen Hilflosigkeit zum Trotz etwas Richtiges zu tun.

Die Erfahrung, von dem lähmenden Schuldgefühl des Zuschauers – der Ohnmacht, jene zu beschützen, denen Gefahr droht – in die aktivere Position des Zeugen zu wechseln, kann als Teil eines Wunsches verstanden werden, die Welt wiederherzustellen, selbst wenn es nicht mehr möglich ist, den konkreten verletzten Anderen zu heilen. Darin liegt eine Sehnsucht, sich über das eigene Selbstinteresse hinaus mit der sozialen Welt zu verbinden und die soziale Bindung zu bekräftigen, um Feindschaft zu überwinden. Diese Aspekte einer nicht gewaltsamen Sensibilität werden von Aktivisten, die trotz der erdrückenden Gewalt, der Ungerechtigkeit und des Mangels an juristischer Aufarbeitung die Hände über die Kluft hinweg ausstrecken, immer wieder artikuliert, weil sie eine Verbindung mit dem Anderen ermöglichen und so das Gefühl der Hilflosigkeit mindern.

Die Anerkennung der menschlichen Verbundenheit mit dem Opfer kann es Tätern ermöglichen, ein Stück weit zu sich selbst zurückzukehren und in einen menschlichen Status, der auch ihre eigene Verwundbarkeit miteinschließt, zurückzufinden. Auch ein solches Verhalten transformiert den Gegensatz stark – schwach, denn wenn der zuvor Hilflose etwas zu tun vermag, um den verletzbaren Menschen anzuerkennen, der sich hinter dem Killer verbirgt, kann er seine eigene Würde wiedergewinnen. Die »monströse« Seite des Starken, für den das Kalkül des Tötens sich in eine absolute Rechtfertigung des Selbstschutzes und des Überlebens kleidete, tritt zutage, wenn die Opfer nicht länger missachtete »Kollateralschäden« sind, sondern reale Menschen. Wird ein menschliches Wesen und nicht ein missachteter Anderer getötet, dann muss ein anderes menschliches Wesen die Verantwortung dafür auf sich nehmen. In den Fällen, in denen eine Begegnung zwischen früheren Opfern und Tätern das Schmieden eines neuen Bandes der Empathie mit dem leidenden und verkörperlichten Anderen ermöglicht, lernen jene, die verletzt haben, die andere Seite kennen, das heißt, sie erleiden ihre eigene Monstrosität. Leiden folgt nicht allein aus Verletzungen, die einem zugefügt werden; derjenige zu sein, der selbst verletzt, lässt ebenfalls leiden – so wird der Gegensatz, der die eigene Vulnerabilität verleugnet, transzendiert.

Ich hatte Gelegenheit, über den Prozess zu reflektieren, durch den dieser Gegensatz überwunden werden kann, als ich einen Beitrag zu dem Film *Moving Beyond Violence*[10] leisten durfte, indem ich der britisch-israelischen Regisseurin und Psychotherapeutin Irris Singer dabei half, eine Bewegung hin zum moralischen Dritten herauszuarbeiten, das sie als »die ethische Position« bezeichnete. Von besonderer Relevanz waren die Ausführungen von Itamar Shapira, dem früheren israelischen Soldaten, der an einem Einsatz an einer Straßensperre beteiligt gewesen war, bei dem mehrere Angehörige der palästinensischen Sicherheitskräfte getötet wurden.

10 In dem Dokumentarfilm *Moving Beyond Violence* (Singer, 2014) reflektieren ein ehemaliger israelischer Soldat und ein früherer palästinensischer Gefangener, der wegen des versuchten Einsatzes von Molotowcocktails verurteilt worden war, über den komplexen emotionalen Prozess, durch den sie dazu kamen, der Gewalt abzuschwören, das Menschsein ihres Feindes anzuerkennen sowie die eigene Reue über das Zufügen von Leid zuzulassen und den Opferstatus, der Teil des althergebrachten Erzählmusters zur Rechtfertigung von Gewalt ist, abzulehnen. Zu israelischen Soldaten, die »das Schweigen brechen« (Schovrim Schtika, »das Schweigen brechen«, nennt sich eine Organisation ehemaliger israelischer Soldaten), siehe Botticelli (2012).

Ihm gräbt sich die Szene ins Gedächtnis ein, in der das Mobiltelefon eines der Toten, den er auf der Straße liegen sah, immer wieder klingelt und damit kundtut, dass dieser Mann für jemanden wichtig ist, der ihn zu erreichen versucht. Itamar umgibt diese Erinnerung sorgsam mit einer Art Hülle und legt sie ganz bewusst in seinem Gedächtnisspeicher ab. Dann wartet er lange Zeit, benommen und verunsichert, und fragt sich, wann er spüren und verstehen wird, was es bedeutet, ein menschliches Wesen getötet zu haben – und wie er damit umgehen soll, dass dieser Andere, bei dessen Auslöschung er mitgeholfen hat, nicht einfach ein Anderer, sondern ein Wesen wie er selbst war. Seine Geschichte ist die einer Reise durch die Benommenheit – die ein weniger drastisches Symptom ist als einige Formen der Dissoziation, die sich nach einem Trauma einstellen können – hin zu einem Ort, an dem er sich darüber klar wird, wie er sein ganzes Leben lang von Menschen umgeben war, die er nie bemerkt oder anerkannt hat, nämlich von den missachteten Anderen. Er beginnt über seinen Kollegen auf der Farm seines Großvaters nachzudenken, über diesen palästinensischen Mann aus dem Gazastreifen, der, um seine große Familie ernähren zu können, in den frühen Morgenstunden zu Hause aufbrach, viele Stunden lang unterwegs war und dabei Kontrollpunkte passieren musste, den ganzen Tag lang arbeitete und dann für wenige Stunden in der Nacht nach Hause zurückkehrte. Der Mann erzählte davon, wie seine Familie in schweren Zeiten auf einen einzigen Sack Mehl aus Spendenlieferungen angewiesen war. Itamar beginnt, sich das harte Leben auszumalen, das dieser Mann im Vergleich zu seiner eigenen Familie hatte, und fragt sich: Was wäre, wenn man mich in das Dorf dieses Mannes geschickt hätte, damit ich in sein Haus eindringe und jemanden aus seiner Familie verhafte?

Itamar wird auch von dem Gedanken geplagt, dass er Blut an den Händen hat. Er denkt: Was wäre, wenn ich eine Tochter hätte, und sie bringt einen jungen Mann nach Hause, den sie heiraten will und von dem ich weiß, dass er jemanden getötet hat? Dann wird Itamar klar: »Ich habe getötet.« Er sieht einen Film, in dem von zwei verfeindeten Parteien am Ende nur zwei Männer übrig bleiben und ein Kampf auf Leben und Tod beginnt, und denkt: Wozu denn jetzt noch kämpfen, wo dein Leben nach all dem Töten doch schon ruiniert ist? Tief drinnen spürt er, wie schrecklich diese Situation ist, in der nur einer leben kann. Da er mit einer prägenden Erzählung darüber aufgewachsen ist, wie Millionen seines Volkes ermordet wurden, verlangt es ihm ungeheuer viel Kraft ab, sich dem Gedanken zu stellen, dass er nun ein Mörder geworden ist ..., doch als er vor Yad Vashem auf- und abgeht, der Holocaust-Gedenkstätte in Jerusalem, wo er eine Zeitlang gearbeitet hat, kommt ihm in den Sinn, dass die palästinensischen Kinder in ihm (und folglich auch in den anderen Besatzungssoldaten) ja einen Nazi sehen müssen.

Er fragt sich auch, wie er seine eigene Tochter oder seine Geliebte in dem Wissen, dass er dieses Blut an den Händen hat, im Arm halten würde. Im Laufe des Films entwickelt er den Gedanken, dass die Person, die das Töten ausführt, in gewisser Weise geopfert wird, indem sie von ihrem eigenen gesellschaftlichen System zu einem Mörder gemacht und in einer Weise beschädigt und beschmutzt wird, die er ablehnt. Seine Ablehnung ist der Ebene des moralischen Dritten zuzuordnen. Er will nicht Teil eines unmoralischen, unrechtmäßigen Systems sein, und so ringt er darum, zu schützen, was in ihm selbst gut ist.

Wie Itamars Erwachen aus dem Nebel des Tötens deutlich macht, setzt das Einnehmen der dritten Position voraus, dass eine Person sich über die Konventionen der Selbstschutz-Reaktion angesichts einer kollektiven Bedrohung (Krieg, Besatzung, Terror) hinwegsetzt. Diese Reaktion ist ganz und gar verständlich und sicherlich nicht zu verurteilen, doch wir akzeptieren damit auch eine schreckliche Entscheidung, die wir uns vor Augen halten müssen. Die herkömmliche, aber letztlich destruktive Lösung wird, wenn wir uns nicht länger betäuben, als Grauen erlebt, weil sie auf die schreckliche Wahl zwischen Töten und Sterben hinausläuft. Zu erkennen, dass er nicht in diese Zwangslage geraten und zu dieser Wahl gezwungen werden will, ist ein wesentliches

Element von Itamars Erwachen, das ihn zur Position des moralischen Dritten hinführt. Seine Geschichte macht deutlich, dass es den meisten Menschen nur dann möglich ist, sich dem mit der Selbstschutz-Reaktion verknüpften Grauen zu stellen, wenn die unmittelbare Bedrohung mit Gewalt sie von der angstgetriebenen Überzeugung, die Entscheidung zwischen dem eigenen Überleben und dem des Anderen sei unausweichlich, befreit hat. Wir haben natürlich gesehen, dass die Bedrohung nicht unbedingt real, sondern eher Teil der Psychologie ist, welche die Aufrechterhaltung eines gewaltsamen, möglicherweise auch genozidalen Regimes ermöglicht, das sich, wie nach seinem Zusammenbruch zu erkennen ist, aus den mit der imaginären Position des »Nur einer kann leben« verknüpften Ängsten gespeist hat.

Bei Itamar sehen wir, dass der Täter, wenn er aus der Dissoziation erwacht, das Gefühl hat, dass »das Blut an seinen Händen« ihn von der »magnetischen Kette der Menschheit« (Hawthorne, 2003 [1852], S. 25) abschneidet, von dem Dritten, das uns alle hält, selbst wenn die Bindung daran nicht im Bewusstsein präsent ist. Durch die Überbrückung der Pole des vulnerablen korporealen Selbst und der Verbundenheit mit der sozialen Welt wird diese Kette – die vom Täter durchtrennt wurde – durch Reue und Sühne wiederhergestellt, aber auch durch direkten Kontakt mit dem Grauen der Verletzung des Anderen, gegen das der Täter zuvor unempfindlich gemacht worden war.

Der Schritt von Dissoziation zur Verkörperung in Sprache und Affekten hilft uns, einen dritten Raum zu schaffen, in dem der Gegensatz von Täter und Opfer, Unverwundbarem und Verwundbarem, in sich zusammenfällt, weil die Annahme des Schmerzes den leidenden Körper selbst zurückfordert und würdigt. Gobodo-Madikizela (2013) schildert, wie bei der Konfrontation der Mütter der Gugaleto Seven mit dem jungen Mann, der ihre Söhne verriet und ihnen eine Falle stellte, sodass sie von der Sicherheitspolizei getötet wurden, die Interaktion zwischen dem Täter und den Müttern der Opfer eine Atmosphäre großer Vertrautheit entstehen ließ. An einem Punkt sprach eine Mutter davon, dass sie den Schmerz in ihrem Schoß spüre, und es wurde ein Ausdruck für eine körperliche Verbindung über die Nabelschnur verwendet (Gobodo-Madikizela, 2011). So wie die Frauen von dem Täter als ihrem Sohn sprachen, nannte der Täter sie, indem er ihnen seine Reue bekundete, seine Mütter. Unter anderem durch eine solche körperliche Repräsentation der empathischen Verbindung zu leidenden Anderen schafft das rhythmische Dritte, wie Gobodo-Madikizela (2013) darlegt, ein Fundament für das moralische Dritte.

Die Neuausrichtung des Begriffs der Würde, durch die er alles verkörperlichte Leben einschließt, verändert die psychische Position gegenüber dem Verabscheuten und dem Monströsen. Während das Verabscheute, wie Kristeva (1982) es in ihrer Theorie des Abscheus illustrierte, zum abgestoßenen, ja fäkalen Teilobjekt wird, dem das kontrollierende Subjekt die Würde abspricht, wird der dissoziierte Verleugner körperlichen Schmerzes als monströs empfunden, sobald Schmerz gewürdigt werden kann und wieder ins bewusste Gewahrsein gelangen darf. Doch jeder von uns hat eine monströse Seite, eine Seite, die dem Schmerz entfliehen und ihn verleugnen möchte, sowie eine Seite, die sich mit dem Zufügen von Schmerz und mit Verstößen gegen Rechtmäßigkeit identifiziert.

Unter diesem psychoanalytischen Blickwinkel wird auch noch ein weiterer starker Grund für das Schuldgefühl, ja für die Monstrosität des Zuschauers erkennbar; wir müssen nicht nur die Reue darüber, als Zeuge zu versagen, ständig wiederentdecken, sondern auch die Tatsache, dass Verleugnung auf der fehlenden Bereitschaft beruht, diese entsetzlichen Dinge über uns selbst, uns monströse Menschen, zu wissen. Die verkörperlichten Konsequenzen menschlicher Destruktivität zu fühlen, die Position des Zeugen einzunehmen und das rechtmäßige Dritte wiederherzustellen verlangt letztlich, die Spannung auszuhalten zwischen: »Ich hätte mir nie vorstellen können, so etwas zu tun« und »Ich könnte mir vorstellen, es zu tun«. Das Böse als emotionale Realität zu akzeptieren ist Teil der Reise jener, die sich der

Auseinandersetzung mit Menschenrechtsverletzungen, Kollektivtraumata und furchtbaren Grausamkeiten stellen, weil sie hoffen, Zeugnis ablegen oder aktiv helfen zu können.

Bei der Begegnung zwischen den Müttern der Gugaleto Seven und dem Kollaborateur macht eine der Mütter deutlich, dass sie diese schwierige Wahrheit erfasst hat, als sie ihrem Akt der Vergebung den Satz »Wir alle sind Sünder« voranstellt. Ihre Vergebung erfolgt von dem Standpunkt aus, dass es etwas Menschliches ist, anderen Leid zuzufügen, und dass alle dieses Potenzial, das in ihnen vorhanden ist, akzeptieren müssen. Auffallend ist, dass sie sich die moralische Autorität, dieses universelle Dilemma zu benennen, in eben dem Augenblick selbst zuspricht, in dem sie sich aufgefordert sieht, zu vergeben und somit die Realität dessen, was ist und nicht ungeschehen gemacht werden kann, anzunehmen – ein höchst eindrücklicher Aspekt der Arbeit mit dem Dritten. Zu vergeben bedeutet, zu akzeptieren, dass Rache das Verlorene nicht wiederbringen kann. Dieses Akzeptieren ist aber nicht einfach nur eine Leistung des Einzelnen, wie sie uns im Zusammenhang mit Trauerprozessen und der depressiven Position im Sinne Melanie Kleins begegnet. Es ist auch eng verknüpft mit sozialer Anerkennung (siehe Cordal & Mailer, 2010), dem Gegebensein oder Fehlen von Zeugenschaft, der beglaubigenden Anerkennung des von ihm begangenen Unrechts durch den Täter und mit der Solidarität der Gruppe.

Die Wirkung, die von der Einbeziehung dieses Aspekts der Zeugenschaft ausgeht, konnte ich beobachten, als Eyad El-Sarraj einige Monate nach dem Gaza-Krieg bei einem Treffen der israelischen Gruppe im Rahmen des Acknowledgement Project sprach. Es war klar, dass er sich sowohl aus einer persönlichen Perspektive wie auch als ein Vertreter der Opfer an diejenigen wandte, die sich als Repräsentanten der Tätergruppe empfanden. Die Mitglieder der israelischen Gruppe waren von Schuldgefühlen gelähmt, und das vorherrschende Erleben war das der Hilflosigkeit und der Verzweiflung darüber, nichts bewegen zu können. El-Sarraj stellte fest, dass er angesichts der Zerstörung sehr wütend sei, doch da ihm bewusst sei, in welcher schrecklichen Position seine Zuhörer sich befänden, wolle er seine Überzeugung zum Ausdruck bringen, dass sie mit ihrem Gefühl der Schlechtigkeit und Hilflosigkeit nur zurechtkommen könnten, indem sie akzeptierten, dass wir alle Gutes und Böses in uns hätten – indem sie sich also nicht von dem Anteil ihres Selbst lahmlegen ließen, der sich mit der Angst und dem Drang nach Selbstschutz identifiziere, die der Aggression ihrer Nation als Motive zugrunde lägen. Im Wissen darum, dass auch er selbst diese Schlechtigkeit, diese Angst und dieses Potenzial zur Destruktivität in sich trage, habe er die Erfahrung gemacht, dass wir, wenn wir beide Seiten in uns wirklich akzeptierten, nicht gelähmt und wieder in einer positiven Weise handlungsfähig seien. Seine schlichte Ansprache befreite die Israelis aus ihrer düsteren Verzweiflung, denn indem er beispielhaft vorführte, wie er sich selbst verzieh, bot er damit implizit eine Form der Vergebung an, die sie für sich selbst nutzen konnten. Er demonstrierte sein Verhältnis zum moralischen Dritten, das die Fähigkeit einschließt, den Anderen als Subjekt zu sehen, eine Fähigkeit, die das Potenzial freisetzt, sich als handlungsmächtig zu erleben.

Er handelte aus der tiefen Einsicht heraus, dass sich, wenn wir unsere Täter- und unsere Opferseite, das Gute und das Böse in uns akzeptieren, die fiktive Trennlinie auflöst zwischen denen, die Gnade verdienen und es daher wert sind, zu leben, und denen, für die das nicht gelten soll – zwischen denen, die Andere dem Tod anheimgeben, und denen, die untergehen. Wie ich aus einem früheren Gespräch wusste, sah El-Sarraj das Problem der Israelis darin, dass sie glauben, sie hätten kein Lebensrecht, wenn sie in irgendeiner Weise ebenso schuldig seien wie die, die ihnen Leid zugefügt haben (siehe Benjamin, 2009). Denn wer böse und monströs sei, verdiene es ja, bestraft zu werden. Wenn wir dagegen unsere Identifizierungen mit der Opfer- wie auch mit der Täterrolle anerkennen und sie sozusagen wieder zusammenfügen, lässt dies im Täter das Äquivalent von Reue entstehen – eine Anerkennung der Konsequenzen des eigenen Handelns, welche die Verleugnung des Werts, den der Andere als ein menschliches Wesen hat, überwindet.

Schluss: Anerkennung und Verantwortungsbewusstsein

Um es noch einmal zu sagen: Es ist unerlässlich, die in der Reue verkörperte Anerkennung abzuheben vom schlechten Gewissen des Zuschauers, das die falsche Unterteilung fortschreibt in die, die es wert sind, zu leben, und die angeblich bösen Anderen, die es nicht wert sind. Wen solche Schuldgefühle plagen, der stellt sich nicht der eigenen Verantwortung, die ihn befähigen würde, den eigenen »bösen« Anteil oder die Ubiquität destruktiver Fantasien anzuerkennen (Fantasien der Vergeltung und des Triumphs über die Geschwister wie die, dass man den von den Eltern bevorzugten Bruder in eine Grube stößt oder dem Feind ein Messer an den Hals setzt), sondern lädt all dies mittels Projektion auf den Anderen ab. Schuldgefühle oder auch moralische Entrüstung stellen allzu oft eine auf Verleugnung beruhende reaktive Umkehrung dar, die verhindert, dass unsere Fähigkeit zum Zuge kommen kann, die Zeugenrolle einzunehmen, Empathie zu üben oder uns dafür einzusetzen, das Leid der Anderen zu würdigen und die von Missachtung Bedrohten zu schützen. Dagegen können wir von denen, die ihnen gewaltsam zugefügte Verluste und Verletzungen akzeptiert haben, viel lernen. Ihre Berichte und ihr Zeugnis können unsere Dissoziation aufheben und ein Abrücken von hergebrachten Positionen ermöglichen, die nur Tatsubjekte und -objekte oder Würdige und Missachtete kennen.

Aus der psychoanalytischen Theorie der Anerkennung lässt sich nach meiner Ansicht ableiten, dass eine rein abstrakte Vorstellung von Gleichheit oder Gerechtigkeit für ein Nachdenken über die Heilung der Welt und die Wiederherstellung des Dritten nicht ausreicht, sondern dass wir klären müssen, welche Auswirkungen kollektive Traumata haben und was es bedeutet, Spaltung und Dissoziation im Hinblick auf das Zufügen und Erdulden von Leid und im Hinblick auf Macht und Ohnmacht zu überwinden.

Abschließend möchte ich aber noch einmal klarstellen, dass Versöhnungsprozesse kein Ersatz sind für materielle Gerechtigkeit, für die politische Lösung von Gewaltproblemen, für ökonomische Wiedergutmachung und soziale Verantwortung gegenüber dem Schicksal der Opfer. Natürlich können diese nicht durch öffentliche Gedenkveranstaltungen, Mahnmale und Rituale ersetzt werden, die traumatische Verletzungen sowie die Bemühungen, ihnen Widerstand zu leisten, beglaubigen. Doch auch wenn Beglaubigung, Bestätigung und Bezeugung zwangsläufig eine begrenzte Funktion erfüllen, ist diese Funktion unerlässlich dafür, Bewusstsein zu wecken und im Namen einer Welt der Rechtmäßigkeit Urheberschaft zu erzeugen, um der heimtückischen Schwächung und Korrumpierung durch Verleugnung entgegenzutreten. Ich habe zu zeigen versucht, dass die Verleugnung des Unrechts selbst eine Form der Verletzung ist, weil sie sich über die Tatsache hinwegsetzt, dass das Gesetz übertreten wurde, und die Opfer entwertet. Sie untergräbt die sozialen Bindungen, die dem menschlichen Leben über das bloße Überleben hinaus Würde verleihen.

Sich einen Weg aus der Binarität von »Achtung verdienen« und »verachtet werden« vorzustellen – also einen Ausweg aus dem »Leben kann nur einer« –, setzt die Vision einer Welt der Rechtmäßigkeit voraus, in der unsere wechselseitige Bindung an alle Teile des Ganzen Achtung erfährt. Um dies zu erreichen, müssen wir die Realität des Leidens beglaubigen, sie mit der Anerkennung, die sie verdient, würdigen, und jenen, die gelitten haben, die Möglichkeit geben, aus der Opferrolle herauszutreten und sich ihrer Selbstwirksamkeit, ihrer Wirkmächtigkeit zu vergewissern. Doch letztlich müssen wir auch jenen, die Verletzungen zugefügt haben oder sich in ihrem Handeln von ihrem Bedürfnis nach Selbstschutz leiten ließen, ermöglichen, lähmende Schuldgefühle durch aktive Wiedergutmachung zu überwinden. Sowohl Täter als auch Opfer sind darauf angewiesen, dass das moralische Dritte des »Alle können leben« die schreckliche Welt, in der »nur einer leben kann«, ersetzt.

Literatur

Allen, A. (2008). *The politics of our selves: Power, autonomy, and gender in contemporary critical theory*. New York: Columbia University Press.

Bar-On, D. (2008). Toward understanding and healing through storytelling and listening: From the Jewish-German context after the holocaust to the Israeli-Palestinian context. In L. O'Hagan (Hrsg.), *Stories in conflict. Toward understanding and healing*, Community Foundation for Northern Ireland. Londonderry: Yes!.

Benjamin, J. (1990 [1988]). *Die Fesseln der Liebe: Psychoanalyse, Feminismus und das Problem der Macht*. Übers. von N. T. Lindquist & D. Müller. Basel: Stroemfeld/Roter Stern. (Engl. Orig.: *The bonds of love: Psychoanalysis, feminism and the problem of domination*. New York: Random House).

Benjamin, J. (2004). Beyond doer and done to: An intersubjective view of thirdness. *Psychoanalytic Quarterly, 63*, 5–46.

Benjamin, J. (2009). Mutual acknowledgement? Obstacles and possibilities for recognition in the face of asymmetry and injury. In G. Heuer (Hrsg.), *Sacral revolutions: Reflecting on the work of Andrew Samuels – Cutting edges in psychoanalysis and Jungian analysis* (S. 51–58). London, New York: Routledge. (Auch: Sigmund-Freud-Vorlesung anlässlich seines Geburtstags, unter dem Titel »Injury and Acknowledgement. A Psychoanalytic Perspective on Overcoming Victimhood in Psychotherapeutic Treatment«, 6. Mai 2008, Sigmund Freud Gesellschaft, Wien).

Benjamin, J. (2011). Acknowledgement of collective trauma in light of dissociation and dehumanization. *Psychoanalytic Perspectives, 8*(2), 207–214.

Benjamin, J. (2018). *Beyond doer and done to: Recognition theory, intersubjectivity and the third*. New York: Routledge.

Berger, M. (2013). Vengefulness as a discredited emotion. In I. Urlic, M. Berger & A. Berman (2013), *Victimhood, vengefulness and the culture of forgiveness* (S. 61–84). New York: NovaScience Press.

Botticelli, S. (2010). The Politics of identification: Resistance to the Israeli occupation of Palestine. In A. Harris & S. Botticelli (Hrsg.), *First do no harm: The paradoxical encounters of psychoanalysis, warmaking, and resistance* (S. 327–347). New York: Routledge.

Botticelli, S. (2012). *Casual ties, acceptable losses: Warmaking as a failure of identification*. Presented at Is War Inevitable? An Interdisciplinary Conference. New York, Feb. 25.

Bragin, M. (2003). Knowing terrible things. Vortrag, Institute for Psychoanalytic Training and Research, Mai 2003.

Butler, J. (2005 [2004]). *Gefährdetes Leben: Politische Essays*. Übers. von K. Wördemann. Frankfurt/M.: Suhrkamp. (Engl. Orig.: *Precarious life*. London: Verso).

Castillo, M. I. & Cordal, M. D. (2014). Clinical practice with cases of extreme traumatization 40 Years after the military coup in Chile (1973–1990): The impact on the therapist. *Psychoanalytic Dialogues, 24*, 444–455.

Cohen, S. (2001). *States of denial. Knowing about atrocities and suffering.* Cambridge: Polity Press.

Cordal, M. D. & Mailer, S. (2010). Social recognition. ILAS working with trauma survivors in Chile. IARPP, San Francisco, April 2010.

Cordal, M. D. (2005). Traumatic effects of political repression in Chile: A clinical experience. *The International Journal of Psycho-Analysis, 86*, 1317–1328.

Davies, J. M. & Frawley, M. G. (1994). *Treating the adult survivor of sexual abuse.* New York: Basic Books.

Felman, S. & Laub, D. (1992). *Testimony: Crises of witnessing in literature, psychoanalysis, and history.* New York: Taylor & Francis.

Ferenczi, S. (1933). Sprachverwirrung zwischen den Erwachsenen und dem Kind. *Internationale Zeitschrift für Psychoanalyse, 19*(1/2), 5–15.

Fosha, D., Siegel, D. & Solomon, M. (2009). *The healing power of emotion: Affective neuroscience, development and clinical practice.* New York: Norton.

Frankel, J. (2002). Exploring Ferenczi's concept of identification with the aggressor: Its role in trauma, everyday life, and the therapeutic relationship. *Psychoanalytic Dialogues, 12*, 101–139.

Gerson, S. (2011 [2009]). Wenn der Dritte tot ist: Erinnerung, Trauer und Zeugenschaft nach dem Holocaust. Übers. von E. Vorspohl. *Psyche – Zeitschrift für Psychoanalyse und ihre Anwendungen, 65*, 193–217. (Engl. Orig.: When the third is dead: memory, mourning, and witnessing in the aftermath of the holocaust. *The International Journal of Psycho-Analysis, 90*(6), 1341–1357).

Gobodo-Madikizela, P. (2002). Remorse, forgiveness and rehumanization: Stories from South Africa. *Journal of Humanistic Psychology, 42*(1), 7–32.

Gobodo-Madikizela, P. (2006 [2003]). *Das Erbe der Apartheid – Trauma, Erinnerung, Versöhnung.* Übers. von B. Budrich. Opladen, Farmington Hills: Budrich. (Engl. Orig.: *A human being died that night: A South African story of forgiveness.* Boston: Houghton Mifflin).

Gobodo-Madikizela, P. (2008). Trauma, forgiveness, and the witnessing dance: Making public spaces intimate. *Journal of Analytical Psychology, 53*, 169–188.

Gobodo-Madikizela, P. (2011). Intersubjectivity and embodiment: Exploring the role of the maternal in the language of forgiveness and reconciliation. *Signs: Journal of Women in Culture and Society, 36*, 541–551.

Gobodo-Madikizela, P. (2013). Feeling with the womb: Reciprocal mutual sense-making. Grundsatzreferat bei der Konferenz »Lessons in Peace«, New York University, New York City.

Grand, S. (2000). *The reproduction of evil.* Hillsdale: Analytic Press.

Hadar, U. (2013). *Psychoanalysis and social involvement: Interpretation and action.* London: Palgrave Macmillan.

Hamber, B. (2008). Forgiveness and reconciliation: a critical reflection. In L. O'Hagan (Hrsg.), *Stories in conflict. Toward understanding and healing*, Community Foundation for Northern Ireland. Londonderry: Yes!.

Hamber, B. & Wilson, R. (2002). Symbolic closure through memory, reparation and revenge in post-conflict societies. *Journal of Human Rights, 1*, 35–53.

Hawthorne, N. (2003 [1852]). *Wakefield. Ethan Brand. Zwei Erzählungen.* Übers. von J. Kalka. Berlin: Friedenauer Presse (Engl. Orig.: Ethan Brand. In N. Hawthorne, *The Snow-Image, and Other Twice-Told Tales.* Boston: Ticknor, Reed & Fields).

Hayner, P.B. (2002). *Unspeakable truths: Facing the challenge of truth commissions.* New York, London: Routledge.

Herman, J. (2014 [1992]). *Die Narben der Gewalt: Traumatische Erfahrungen verstehen und überwinden.* Übers. von Th. Kierdorf. Paderborn: Junfermann. (Engl. Orig.: *Trauma and recovery.* New York: Basic).

Honneth, A. (1995). *The struggle for recognition: The moral grammar of social conflicts.* Cambridge: Polity Press.

Howell, E.F. (2005). *The dissociative mind.* Hillsdale: Analytic Press.

Kristeva, J. (1982). *Powers of horror: An essay on abjection.* New York: Columbia University Press.

Laub, D. & Auerhahn, N.C. (1993). Knowing and not knowing massive psychic trauma: Forms of traumatic memory. *International Journal of Psycho-Analysis,* 74, 287–302.

Laufer M. & E. Laufer (Director). (2012). *One day after peace [Spielfilm],* mit Robi Damelin. Israel.

Levi, P. (1990 [1986]). *Die Untergegangenen und die Geretteten.* Übers. von M. Kahn. München: Hanser. (It. Orig.: *I sommersi e i salvati.* Turin: Einaudi).

Lifton, R.J. (2003). *Superpower syndrome: America's apocalyptic confrontation with the world.* New York: Nation Books.

Margalit, A. (2002). *Ethik der Erinnerung. Max-Horkheimer-Vorlesungen.* Übers. von R. Stach. Frankfurt/M.: Fischer TB. (Engl. Orig.: *The ethics of memory.* Cambridge: Harvard University Press).

McGilchrist, I. (2009). *The master and his emissary: The divided brain and the making of the Western world.* New Haven: Yale University Press.

Minow, M. (1998). *Between vengeance and forgiveness: Facing history after genocide and mass violence.* Boston: Beacon.

Orange, D.M. (2011). *The suffering stranger: Hermeneutics for everyday clinical practice.* New York: Routledge.

Qouta, S., Punamäki, R.-L. & El Sarraj, E. (1995a). The relation between traumatic experiences, activity and cognitive and emotional responses among Palestinian children. *International Journal of Psychology,* 30(3), 289–304.

Qouta, S., Punamäki, R.-L. & El Sarraj, E. (1995b). The impact of the peace treaty on psychological well-being: A follow-up study of Palestinian children. *Child Abuse & Neglect, 19*(10), 1197–1208.

Rothschild, B. (2011). *Der Körper erinnert sich: Die Psychophysiologie des Traumas und der Traumabehandlung.* Essen: Synthesis.

Rousseau, J.-J. (1993 [1755]). *Diskurs über die Ungleichheit.* Übers. von H. Meier. Paderborn: Schöningh. (Frz. Orig.: *Discours sur l'origine et les fondements de l'inégalité parmi les hommes.* Amsterdam: Rey).

Schore, A.N. (2003). Affect regulation and the repair of the self. New York: W.W. Norton & Company.

Singer, I. (2014). *Moving beyond violence, the video*. Mit Bassam Aramin und Itamar Shapira. www.MovingBeyondViolence.org.

Staub, E. (2003). *The psychology of good and evil*. New York: Cambridge University Press.

Staub, E. (2011). *Overcoming evil: Genocide, violent conflict and terrorism*. New York: Oxford University Press.

Thomas, N. K. (2010). Whose truth: Inevitable tensions in testimony and the search for repair. In A. Harris & S. Botticelli (Hrsg.), *First do no harm: The paradoxical encounters of psychoanalysis, warmaking, and resistance* (S. 45–64). New York: Routledge.

Theweleit, K. (1986). *Männerphantasien*. 2 Bände. Frankfurt/M.: Stroemfeld/Roter Stern.

Tutu, D. (2001 [1999]). *Keine Zukunft ohne Versöhnung*. Übers. von A. Monte & Th. Nesch. Düsseldorf: Patmos. (Engl. Orig.: *No future without forgiveness*. New York: Image Books).

Ullman, C. (2006). Bearing witness: Across the barriers in society and in the clinic. *Psychoanalytic Dialogues, 16*, 181–198.

Ullman, C. (2011). Between denial and witnessing: Psychoanalysis and clinical practice in the Israeli context. *Psychoanalytic Perspectives, 8*(2), 179–200.

Urlic, I., Berger, M. & Berman, A. (2013). *Victimhood, vengefulness and the culture of forgiveness*. New York: NovaScience Press.

van der Kolk, B. A. (2014). *The body keeps the score: Brain, mind, and body in the healing of trauma*. New York: Viking.

Identifizierung, Intersubjektivität und die Anerkennung des Anderen

Laudatio auf Jessica Benjamin

Werner Bohleber

Einleitung

Durch die gesellschaftliche Entwicklung der letzten 50 Jahre haben sich soziale Strukturen verflüssigt, Modelle der Lebensgestaltung enorm pluralisiert und Geschlechterrollen dramatisch verändert. Die Handlungsoptionen der Einzelnen – zwar nicht von allen, aber doch von einem großen Teil der Individuen in modernen Gesellschaften – sind objektiv erweitert worden. Diese Veränderungen werden gemeinhin als gesellschaftliche Freisetzungsprozesse verstanden, die dem Individuum einen Zuwachs an Gestaltungskompetenz bringen, sein eigenes, unabhängiges Leben abseits der früheren traditionellen Bindungen zu führen. Aber diese Entwicklungen tragen einen ambivalenten Charakter in sich, denn die »Entbettung« (Giddens, 1995) aus der Tradition bürdet den Einzelnen die stete Reflexion auf, wie er sein Leben gestalten möchte. Die Rede ist von einem auf Dauer gestellten »reflexiven Subjekt«, das sich oft überfordert fühlt, weil sich Selbstverwirklichung zunehmend in eine institutionelle Forderung verkehrt hat, der zufolge sich der Einzelne als biografisch flexibles, veränderungsbereites Individuum präsentieren soll (Honneth, 2002; Illouz, 2006).

Diese Veränderungen zu begreifen war auch eine Herausforderung für die Psychoanalyse. Sie ist zwar immer noch die differenzierteste und tief ins Unbewusste reichende psychologische Theorie der Innenwelt des Menschen. Ihre Konzepte und Theorien sind aber keine zeitlosen Wahrheiten, sondern reflektieren das Selbstverständnis des Menschen und seine Einbindung in Beziehungen. Die gesamtgesellschaftliche Entwicklung mit einer zunehmenden Demokratisierung sozialer Strukturen, einer fortschreitenden Individualisierung und Befreiung aus festgelegten sozialen Identitätsformen sowie einer Entwicklung zu mehr kooperativen und partnerschaftlichen Verhältnissen schuf eine soziale Realität, die in die analytische Beziehung von Analytiker und Patient hineinwirkte und sie veränderte. In der Psychoanalyse hat die intrapsychische Struktur des Menschen lange im Zentrum der Aufmerksamkeit gestanden. Sie sollte sich in der psychoanalytischen Behandlung entfalten. Der Patient übertrug seine alten Beziehungsstrukturen auf den Analytiker, der wiederum dem Patienten die Übertragung auf ihn widerspiegelte und deutete. Für Freud sollte der Analytiker »undurchsichtig für den Analysierten sein und wie eine Spiegelplatte nichts anderes zeigen, als was ihm gezeigt wird« (Freud, 1912e, S. 384). Freud drückte mit dieser Spiegelmetapher seine Überzeugung aus, dass sich die Psychoanalyse als Wissenschaft methodisch allein auf die Deutung einer durch Beobachtung gewonnenen Empirie stützen könne. Es ging ihm um eine objektive Erkenntnis der psychischen Realität, wobei zwischen dem Analytiker als erkennendem Subjekt und dem Patienten als erkanntem Objekt eine klare Trennungslinie bestand. Diese Auffassung des analytischen Prozesses kam in den letzten 50 Jahren mehr und mehr in die Kritik und die Psychoanalyse entwickelte sich zu einer Beziehungsanalyse, in der es galt, die wechselseitige Interaktion und Beeinflussung von Analytiker und Patient empathisch zu erfassen, zu verstehen und zu konzeptualisieren. Heute verstehen wir den analytischen Prozess als ein intersubjektives Unternehmen von Analytiker und Patient, als Analyse einer gemeinsam geschaffenen Beziehung, die es in ihrer wechselseitigen Bedingtheit zu verstehen und auf den Begriff zu bringen gilt.

Diese Entwicklung wurde auch durch Nachbardisziplinen beeinflusst, durch intersubjektive und konstruktivistische Ansätze in Philosophie und Sozialwissenschaften, durch die feministische Bewegung und ihre Theoriebildung, durch die Traumaforschung und die Bindungstheorie sowie durch die empirische Erforschung früher Mutter-Kind-Interaktionen. Letztere durchlief durch die neuen technischen Möglichkeiten der Videoanalyse in den 1970er Jahren eine geradezu revolutionäre Veränderung, denn nun konnte der interaktive Austausch zwischen Mutter und Kind in kleinsten Zeiteinheiten studiert und das Entstehen des kindlichen Selbst aus der Interaktion mit der Mutter nachvollzogen werden.

Damit ist das Feld umrissen, auf dem sich Jessica Rachel Benjamin mit ihrem Denken und ihren vielfältigen Arbeiten bewegt. Begonnen hat sie in den 1960er Jahren mit ersten feministischen Studien, fasziniert durch die Arbeiten von Simone de Beauvoir. 1967 ging Jessica Benjamin für vier Jahre nach Frankfurt am Main, studierte die Kritische Theorie, wurde mit dem Marxschen und dem Hegel'schen Denken vertraut sowie mit den Anfängen der intersubjektiven Theorie kommunikativen Handelns von Jürgen Habermas. In New York absolvierte sie ihre psychoanalytische Ausbildung und wurde Teil einer Gruppe von Psychoanalytikerinnen, die die psychoanalytische Theoriebildung von einem feministischen Standpunkt aus zu reformulieren suchten. Ein weiterer Schwerpunkt in jener Zeit war ihre Beteiligung an den Forschungsprojekten von Beatrice Beebe zur frühkindlichen Entwicklung.

All diese wissenschaftlichen Disziplinen und Forschungen suchte Benjamin zusammenzudenken und in ihre eigenen Fragestellungen zu integrieren. Ihr erstes Buch *The Bonds of Love – Die Fesseln der Liebe* von 1988 – ist das eindrucksvolle Ergebnis davon und hat sie international bekannt gemacht. Es ist ein groß angelegtes Projekt einer intersubjektiven Theorie der Anerkennung, das sie in den folgenden Büchern und Veröffentlichungen weiter ausbaute. Der Klassiker der feministischen Psychoanalyse entfaltet bis heute eine anhaltende Wirkung.

Analyse der Geschlechterbeziehungen

Jessica Benjamin unterzieht die Theorie der Psychoanalyse einer eingehenden feministischen Prüfung. Das ist für sie nichts weniger als eine fundamentale Kritik psychoanalytischen Denkens, bei der es nicht nur um die Geschlechterpolaritäten von männlich/weiblich geht, sondern darüber hinaus um eine Kritik der komplementären Subjekt-Objekt-Strukturen im abendländischen Denken, die sie für den Bereich menschlicher Beziehungen in Subjekt-Subjekt-Strukturen zu transformieren sucht.

Benjamin möchte zwischen der Theoriebildung in der Psychoanalyse und im Feminismus Brücken schlagen. Die Psychoanalyse ist für sie nicht nur der Gegenstand ihrer Kritik, sondern gleichzeitig auch das Instrument ihrer Analyse. Denn die Psychoanalyse zielt ähnlich wie der Feminismus auf eine Destabilisierung des Gewordenen. Das Zerlegen und Dekonstruieren von Phänomenen und der Strukturen, die sich darin abbilden, soll zum Vorschein bringen, was bislang noch nicht gewusst oder gedacht werden konnte. Benjamin begreift ihr Denken und die damit verbundene Intention als ein intersubjektives Projekt, bei dem die Anerkennung des Anderen hilft, eingefahrene und komplementäre Subjekt-Objekt-Strukturen aufzulösen und die Subjektivität und Gegenseitigkeit beider Partner wieder in die psychoanalytische Beziehung zu integrieren. In ihrer Sicht hat der Feminismus dazu genauso viel beigetragen wie die Psychoanalyse: Denn erst die eigenständige Erforschung der Rolle der Mutter innerhalb der Entwicklung des Kindes und der Mutter-Kind-Dyade habe im analytischen Denken die Entstehung der intersubjektiven Perspektive ermöglicht.

Benjamin befragt seelische Entwicklung daraufhin, inwieweit in ihr normative Vorstellungen wirksam sind. Geschlecht ist für sie keine essenzialistische Invariante. Gegenüber postmodernen feministischen Denkansätzen, die die binäre Logik der Gegensätze von Mann-Frau als künstliche Konstruktionen kritisieren und abschaffen wollen, hält sie aber daran fest, dass wir dieser binären Logik nicht entkommen können, denn die konkreten Beziehungen kommen nicht umhin, die Geschlechterpolaritäten zu nutzen, um sich auszudrücken. Gleichzeitig gelte es aber auch, die konkreten Beziehungsstrukturen wieder zu dekonstruieren. Psychoanalytisch betrachtet bedeutet dies, dass wir sie aus der psychosexuellen Geschichte des Einzelnen rekonstruieren – eines Einzelnen, der jeweils kulturell verortet ist (Benjamin, 2002, S. 58). Bei dieser von der Psychoanalytikerin vielfach unternommenen Dekonstruktion ging es Benjamin stets darum, das Konzept der Entwicklung von eingefahrenen und konservativen normativen Vorstellungen zu befreien, insbesondere davon, dass die Entwicklung – angeblich naturgemäß – auf die heterosexuellen, komplementären Beziehungen zwischen den Geschlechtern hinauslaufe.

Die Konzeption der ödipalen Phase mit ihren seelischen Festlegungen – einer Identifizierung mit dem gleichgeschlechtlichen Elternteil und einer Objektwahl im Feld des gegengeschlechtlichen – hat schon lange feministische Kritik herausgefordert. Ödipal bestimmtes Denken ist in Gefahr, den Blick auf die seelische Entwicklung zu sehr einzugrenzen und zu verengen, wodurch die Bedeutung einer Phase außer Acht gelassen wird, die Benjamin als »identifikatorische Liebe« bezeichnet (Benjamin, 1993, S. 18). Da sie dieser Phase eine spezifische Bedeutung für die seelische Entwicklung zuschreibt, möchte ich noch etwas näher darauf eingehen.

Im zweiten Lebensjahr machen sowohl der Junge als auch das Mädchen einen ersten Ablösungsschritt von der Mutter als ihrem primären Identifizierungsobjekt. Beide, Junge wie Mädchen, identifizieren sich mit dem Vater. Er verkörpert eine eigene Intentionalität und Aktivität sowie das Begehren nach der aufregenden Außenwelt. Von entscheidender Bedeutung ist nun, dass der Vater nicht nur den Jungen, sondern auch das Mädchen als ihm ähnlich anerkennt. In dieser ursprünglichen Identifizierungsliebe ist für das Mädchen die Liebe zum Differenten und das Streben nach Gleichsein noch kein Widerspruch. Den Widerspruch erzeugt erst die ödipale Konstellation mit ihren identifikatorischen Festlegungen. Für Benjamin steckt in der frühen Identifizierungsliebe ein Potenzial für eine postödipale Entwicklung. Zwar sind jetzt die ödipalen geschlechtsspezifischen Identifizierungen im Inneren fest repräsentiert, aber die Wiederbelebung der frühen Identifizierungsliebe schafft Freiraum, den Antagonismus von erotisch aktiven versus passiven Einstellungen aufzulockern und von den Zwängen polarisierter Gegensätze zu befreien, womit auch der Identifizierung ihre Absolutheit, ihre Fixierung auf den Einen oder Anderen genommen werde (Benjamin, 2002, S. 95). Das flexible Spielen mit den Positionen schafft etwas Neues, Drittes, worin die komplementären Strukturen im Hegel'schen Sinne »aufgehoben« sind und den komplexen Erscheinungsformen des Lebens offener begegnet werden kann. Diese Freiheit hilft wiederum, kulturell verdinglichte Geschlechterpolaritäten aufzuweichen.

Intersubjektivität und gegenseitige Anerkennung

Bei ihrer Analyse der Geschlechterbeziehungen bildete für Benjamin stets die Intersubjektivität den Rahmen. Auch die Psychoanalyse kämpft schon lange mit dem Problem der Intersubjektivität. Der Befund, dass sie der Beziehung von Analytiker und Patient inhärent ist, war lange Zeit verdeckt geblieben. Zwar öffneten sich die psychoanalytische Theorie und Praxis für die intersubjektive Realität, aber das konzeptuelle Denken blieb doch noch weitgehend dem intrapsychischen Denken verhaftet. Streng genommen passt die intersubjektive Begrifflichkeit auch gar nicht ins psychoanalytische Theoriegebäude. Um intersubjektive Phänomene konzeptuell zu erfassen, mussten sich die Psychoanalytiker woanders umschauen. Anleihen machten sie bei der Philosophie oder der Gestaltpsychologie. Eine der theoretisch anspruchsvollsten, am weitesten ausgearbeiteten und einflussreichsten intersubjektiven Konzeptionen der Psychoanalyse verdanken wir Jessica Benjamin. Sie hat ihre Konzeption als eine »intersubjektive Theorie der Anerkennung« (Intersubjective Recognition Theory) ausformuliert.

In Anlehnung an Hegel und Habermas definiert sie (Benjamin, 2002, 2006) Intersubjektivität als eine durch wechselseitige Anerkennung (mutual recognition) bestimmte Beziehung. Anerkennung zu suchen ist ein menschliches Bedürfnis, das aber nur erfüllt werden kann – das hat Hegel herausgearbeitet – wenn wir den Anderen, der uns anerkennen soll, gleichzeitig auch selbst anerkennen, denn sonst ist die Anerkennung, die wir durch ihn erhalten, nicht voll gültig oder gar wertlos. Das heißt, der Andere darf nicht zu unserem Objekt werden, über das wir bestimmen, sondern die Begegnung muss die Struktur einer Subjekt-Subjekt-Beziehung behalten. Auf der psychologischen Ebene liegt für Benjamin die Lösung dieser paradoxen Struktur darin, die Spannung, die in einer Beziehung zwischen der Behauptung des Selbst und der Andersheit des Anderen entsteht, nicht aufzulösen, sondern aufrecht zu erhalten. Benjamin weiß, dass dies, wenn es so formuliert wird, als eine mehr oder weniger ideale Forderung erscheinen muss, denn in realen Beziehungen bricht diese Spannung immer wieder zusammen: Die Anerkennung des realen Anderen kann nicht aufrecht erhalten werden, weil sie in Konflikt mit eigenen Wünschen und Absichten gerät und für eigene Zwecke funktionalisiert wird. Im besten Fall kann die Spannung nachträglich wieder aufgebaut werden.

Vieles spricht heute dafür, dass intersubjektive Beziehungsstrukturen angeboren sind, aber die Fähigkeit zur gegenseitigen Anerkennung eine Kompetenz ist, die in der Entwicklung des Menschen erworben werden muss. Für Benjamin hat diesen Entwicklungsschritt keiner so treffend beschrieben wie der englische Kinderanalytiker Donald Winnicott. Nach Winnicott (1974) stellt sich die Außenwelt, meist repräsentiert durch die Mutter, auf das Kind und seine Bedürfnisse ein, sodass dieses sie so erlebt, als funktioniere sie nach seinen Vorstellungen und Wünschen. Das ist wichtig, um das Vertrauen in die eigene Intentionalität und Selbstwirksamkeit aufzubauen. Aber irgendwann in jener Zeit kann das Kind der Wahrnehmung einer von ihm unabhängigen Realität der Mutter nicht mehr ausweichen. Diese unerwünschte

Wahrnehmung erzeugt zunächst eine massive Aggression gegen die Mutter, mit der das Kind sie als real Andere, die nicht seinem omnipotenten Streben unterliegt, zu zerstören sucht. Die Mutter muss diese Aggression »überleben«, was bedeutet, sie muss der Aggression standhalten und darf sich nicht rächen wollen oder darüber verstimmt sein oder dem Kind einfach nachgeben. Bleibt die Mutter bei ihrer liebevollen Zuwendung, ermöglicht sie dem Kind, sie als reale Person, im Sinne einer unabhängigen Anderen anerkennen zu können. Für Benjamin ist dies *die* zentrale entwicklungsspezifische Leistung, die über den infantilen Narzissmus hinausführt. Es ist kein einmaliger Akt, sondern er muss sich viele Male wiederholen, um seelisch relativ konfliktfrei etabliert werden zu können. Dem Kind eröffnet sich dadurch ein anderer Zugang zur Welt und das Anderssein des Anderen kann von ihm als Bereicherung und Zuwachs erlebt werden. Benjamin betont immer wieder, dass es bei dieser seelischen Leistung keinesfalls um unsere eigene innere Vorstellung vom Anderen geht, sondern um den realen Anderen, dessen Eigenheit anzuerkennen eine Arbeitsanforderung für das Selbst ist. Insofern liest Benjamin Hegel durch Winnicott: »Nur die Äußerlichkeit des Anderen, der die Zerstörung überlebt, gestattet eine Repräsentation des Anderen als gleichermaßen der Kontrolle entzogen und nicht bedrohlich – eine Form der Negation, die durch gewaltsam durchgesetzte soziale Herrschaftsbeziehungen wesentlich verhindert wird« (Benjamin, 2002, S. 121).

Ähnlich wie bei der idealen herrschaftsfreien Kommunikation, die Habermas aus der Struktur der nicht-restringierten Umgangssprache ableitet, verankert Benjamin das Bedürfnis nach Anerkennung in der Struktur menschlicher Beziehungen. Wir können gar nicht anders, als nach Anerkennung zu suchen. Nur durch die Anerkennung des Anderen finden wir zu uns selbst. Bei dieser strukturellen Analyse bewegt sich Benjamin zunächst auf einer sozialontologischen Ebene. Als Psychoanalytikerin belässt sie es aber nicht dabei, sondern bricht diese strukturelle Beschreibung auf die psychologische Ebene herunter. Das ontologische Subjekt wird zum realen psychologischen Selbst, das immer in Gefahr ist, den realen Anderen seelisch für die eigenen Bedürfnisse zu vereinnahmen und ihn auf diese Weise zu einem fantasierten inneren Anderen zu machen. Aber dann zerbricht die Spannung zwischen Selbstbehauptung und Anerkennung des Anderen. Sie wiederherzustellen erfordert stete seelische Arbeit. Gelingt sie, dann wird der Andere als eine Bereicherung des eigenen Selbst erlebt.

Jessica Benjamin ist eine Grenzgängerin zwischen der Ebene des philosophisch abstrakten Subjekts und der psychologisch-psychoanalytischen des Selbst. Wie wir wissen, ergeben sich an den Grenzregionen der wissenschaftlichen Disziplinen oft die interessantesten Problemstellungen, die das jeweilige disziplinäre Denken befruchten können. Fassen wir die konzeptuellen und epistemologischen Probleme näher ins Auge, die hier entstehen, so kann man fragen: was heißt denn psychologisch gesehen »Anerkennung«, und wie ist der konzeptuelle Transfer des Hegel'schen absoluten Selbstbewusstseins in den psychologischen Begriff der Omnipotenz zu verstehen? Das wäre eine Diskussion wert, die ich hier aber nicht weiter verfolgen kann. Jedoch ist noch ein zentraler Teil von Benjamins intersubjektiver Konzeption nachzutragen.

Ausgangspunkt ist die Frage, wie denn die Partner des therapeutischen Dialogs sicher sein können, dass die von ihnen kokonstruierten Bedeutungen valide sind und ihre Begegnung keine *folie-à-deux* ist? Hier stoßen wir auf die immer schon vorvermittelte soziale Realität, auf die sich Begegnungen gründen. Die Dyade ist in vielfacher Hinsicht immer schon eine Triade. Benjamin macht diesen Sachverhalt zu einem zentralen Faktor ihrer Konzeption. Wenn es sowohl dem Subjekt als auch dem Anderen gelingt, die Spannung wechselseitiger Anerkennung aufrechtzuerhalten, eröffnet sich ein intersubjektiver mentaler Raum, den die beiden Subjekte gemeinsam erschaffen haben. Er ist das Dritte zwischen beiden. Dass der Raum entstehen kann, beruht auf der Fähigkeit, sich einem anderen zu überlassen, seinen Blick einzunehmen, die Dinge aus seiner Perspektive wahrzunehmen und damit die Andersheit des Anderen zu respektieren. In der menschlichen Entwicklung muss der Raum des Dritten zunächst von der Mutter geschaffen werden. Sie ist zwar ein eigenes Subjekt mit eigenen Wünschen, aber sie stimmt sich affektiv auf den Säugling ein, spiegelt seine Gefühle und Reaktionen und schafft damit ein Interaktionsmuster, mit dem sich das Kind identifizieren kann und damit die Möglichkeit erhält, diesen mentalen Raum selbst einnehmen zu können (»rhythmic third«). Auch in der psychoanalytischen Behandlung muss der Analytiker zuerst für den Patienten empfänglich sein und einen Weg finden, sich ein- und anzupassen und sich mit dem Patienten zu identifizieren, woraus sich ein dialogisch strukturierter Prozess der Interaktion entwickelt, der ein Verstehen ermöglicht, das beide miteinander teilen. Aber die wechselseitige Anerkennung und der triadische intersubjektive Blick gehen immer wieder verloren und müssen wiedergewonnen werden. Nicht-Verstehen, Missverständnisse und therapeutische Sackgassen lassen die Subjekt-Subjekt-Beziehung auf eine Subjekt-Objekt-Beziehung regredieren und erzeugen eine Dynamik von Aktion und Reaktion, in der das analytische Paar feststecken kann. Dennoch halten beide daran fest, dass Verstehen prinzipiell möglich ist. Diese implizite Überzeugung ist auch ein Drittes, Benjamin nennt es das moralische Dritte (»moral third«). Zu ihm gehört, dass der Analytiker seine eigenen Empfindungen von Scham, Unzulänglichkeit und Schuld akzeptiert und das, was er zu den Störungen der Beziehung beiträgt, eingesteht und die Verantwortung dafür übernimmt. Damit entzieht er wechselseitigen Schuldvorwürfen, wer wem was antut, den Boden und verkörpert damit in seinem Handeln therapeutische Werte, die auf der Toleranz für die eigene Unsicherheit, auf Bescheidenheit und auf Bereitschaft zur Anteilnahme sowie zur Anerkennung des Anderen beruhen. Benjamin spricht hier von Prinzipien der Rechtmäßigkeit (»principles of lawfulness«) oder von »moral thirdness«. Es sind »Grundwerte, die das Fundament einer demokratischen oder egalitären Auffassung vom psychoanalytischen Prozess ausmachen« (Benjamin, 2006, S. 92). Offen bleibt die Frage, inwieweit es sich beim

»moral third« um Fähigkeiten und Wertvorstellungen handelt, die sich strukturell aus dem Wesen der Intersubjektivität als wechselseitige Anerkennung selbst ergeben oder um Werte, die eine normative Grundlage demokratischer Gesellschaften bilden und im Sozialisationsprozess vermittelt werden müssen.

Wie wir hier sehen, schlägt Benjamin einen spannungsreichen Bogen zwischen klinischer Realität und psychoanalytischer sowie sozialwissenschaftlicher Theorie. Die zunehmende Individualisierung und Demokratisierung der Lebensverhältnisse in der westlichen Welt hat neue Paradigmen für Beziehungen ins Blickfeld gerückt. Mit ihrem Projekt einer Anerkennungstheorie versucht Benjamin, diese gesellschaftlichen Veränderungen auf den Begriff zu bringen und der Psychoanalyse zu helfen, die heutigen Individuen und ihre Stellung in der Welt besser zu verstehen und damit therapeutisch wirksamer zu werden. Aber darauf ist ihr Anerkennungsmodell nicht begrenzt.

Soziale Realität und der »Kampf um Anerkennung«

Auch auf dem sozialen und politischen Feld findet ein »Kampf um Anerkennung« statt. Bei ihrer Analyse von Machtstrukturen zeigt Benjamin die Falle auf, in die Befreiungsbewegungen wie der Feminismus geraten können, wenn sie in einer Identifizierung mit der Opfer-Position stecken bleiben und die Täter-Opfer-Strukturen nicht überwinden können. In den letzten Jahren hat sich Benjamin an der Reflexion der Arbeit südafrikanischer *Truth and Reconciliation*-Kommissionen beteiligt. Auch leitete sie ein »Acknowledgement-Projekt« zwischen Israelis und Palästinensern. Es sind Arbeitsfelder, auf denen sie immer wieder mit kollektiven Traumatisierungen konfrontiert wurde. Wir wissen heute, wie wichtig im Fall von kollektiven Traumatisierungen ein öffentlicher Diskurs über das Geschehene ist und wie leicht es dabei zu Abwehr, Verleugnung und Schweigen kommt. Damit wird den Opfern die Anerkennung dessen verwehrt, was ihnen zugefügt worden ist; eine Anerkennung, die sie so dringend benötigen, um den Angriff auf ihre Existenz und die Entwertung ihres Lebens überstehen zu können.

In unserer globalisierten Welt werden wir fast täglich durch die Medien mit Krieg und sozialer Gewalt konfrontiert und werden damit Zeuge von schweren Traumatisierungen ganzer Gruppen von Menschen. Benjamin (2014) beschreibt, wie wichtig die Anerkennung der Weltgemeinschaft für traumatisierte Gruppen ist und wie oft die Welt, gelähmt von Schuldgefühlen, in einer verleugnenden Haltung festsitzt, hilfloser Zuschauer zu sein und häufig noch zusätzlich armiert durch ohnmächtige Gleichgültigkeit, womit diese Menschen insgeheim abgewertet und eigene unerwünschte, abgelehnte Anteile auf diese Gruppen von Menschen projiziert werden. Die empathische Anerkennung ihres Leidens macht uns zu Zeugen, die mit Empörung reagieren sowie das Unrecht und die Gewalt benennen, die den Opfern zugefügt wurde. Eine solche ethische Einstellung kann den Opfern ihre Würde zurückgeben und kann ihnen das Gefühl nehmen, einfach bloß Objekte zu sein, die man loswerden will. Dadurch wird das »moralische Dritte« wieder etabliert (Benjamin spricht von »repair the moral third«), die Wahrheit gefördert, Gerechtigkeit unterstützt und den Opfern zumindest ein Stück Vertrauen in die Welt zurückgegeben.

Nur allzu oft sitzen wir aber bei der Konfrontation mit dem traumatischen Leid ferner Anderer in einer Abwehr des Geschehens fest und verschließen uns angesichts der Furcht und des Schmerzes Anderer, oder wir nehmen die anfängliche mitfühlende Identifizierung mit ihnen wieder zurück, um uns selbst zu schützen. Es entsteht ein Konflikt zwischen Mitgefühl und Selbstschutz. Benjamin betont, wie wichtig es ist, diesen Konflikt nicht zu verleugnen, sondern anzuerkennen und darum zu kämpfen, ihn zu verändern, indem wir seine Quellen untersuchen. Sich der Position des moralischen Dritten zu öffnen und sie einzunehmen, liefert eine Leitlinie, um aus den Spaltungen zwischen stark und schwach, hilflos und mächtig herauszukommen und nicht den Anderen mit dem Abgelehnten zu identifizieren. Für die ethische Position des Dritten ist die Vorstellung einer sozialen Bindung an alle Menschen eine Voraussetzung, denn sonst führt kein Weg aus dem binären Denken zwischen »wir« und »sie«, zwischen denen, die unsere Anerkennung verdienen und denen, die ausgeschlossen werden, heraus. Anerkennung ist für Benjamin nicht nur eine Sache des Empfangens, sondern auch des Gebens. Sie ist ein Ethos, das explizit die Position des moralischen Dritten repräsentiert. Diese reziproke Gestalt der Anerkennung ist für Benjamin ein fundamentaler Grundsatz der Anerkennungstheorie; sie umfasst nicht nur die persönliche Funktion von Empathie und Sorge, sondern auch die symbolische Funktion, das Gesetz der gegenseitigen Verbundenheit zu bestätigen. Die Funktion des Zeugen vereinigt so beides: Empathie und Rechtmäßigkeit in der Anerkennung der Menschlichkeit des Anderen. Mit ihrer Anerkennungstheorie kann Benjamin ein neues Licht auf diese Zusammenhänge werfen und die psychischen Prozesse beschreiben, die bei den Betroffenen, aber auch bei den Nichtbeteiligten, die Zeugen werden, wirksam sind.

Schluss

Überblickt man die Weite ihres Schaffens, so hat Jessica Benjamin in beeindruckender Weise ihr Projekt einer psychoanalytischen Theorie der Anerkennung kontinuierlich ausformuliert. Es ist kein innerpsychoanalytisches Projekt, sondern gründet auch in Philosophie, Entwicklungspsychologie sowie Feminismus und beabsichtigt, die in gegenwärtiger Kultur und Gesellschaft verankerten menschlichen Beziehungen zu analysieren. Sie kritisiert dabei nicht nur einschränkende normative Strukturen oder Sackgassen, sondern sie zielt mit ihrer Analyse darauf, soziale und therapeutische Freiräume aufzuzeigen, die durch die Anerkennung des Anderen möglich werden. Benjamins Projekt weist in die gleiche Richtung, die schon Hans Kilian eingeschlagen hatte.

Er kritisierte die Psychoanalyse dafür, dass sie sich nicht mit den wechselnden Lebensbedingungen und Beziehungen von Selbst und Anderen in einer sich wandelnden Welt synchronisiert habe. Die heutige postpatriarchalische Kultur »gibt denen gute Chancen eigener Entfaltung, die in der Lage sind, die Entfaltung anderer Menschen durch etwas zu fördern, was ich als ›katalytische Empathie‹ bezeichne« (Kilian, 2013, S. 115). Sie sehen, wie nahe Jessica Benjamins Konzept der wechselseitigen Anerkennung dem Kilian'schen Projekt kommt.

Ich freue mich deshalb ganz besonders, dass wir Jessica Rachel Benjamin für ihre hervorragenden wissenschaftlichen Leistungen mit dem Hans-Kilian-Preis 2015 auszeichnen können.

Literatur

Benjamin, J. (1990). *Die Fesseln der Liebe. Psychoanalyse, Feminismus und das Problem der Macht*. Frankfurt/M.: Stroemfeld/Roter Stern.

Benjamin, J. (1993). *Phantasie und Geschlecht. Psychoanalytische Studien über Idealisierung, Anerkennung und Differenz*. Frankfurt/M.: Stroemfeld/Nexus.

Benjamin, J. (2002). *Der Schatten des Anderen. Intersubjektivität – Gender – Psychoanalyse*. Frankfurt/M., Basel: Stroemfeld/Nexus.

Benjamin, J. (2006). Tue ich oder wird mir angetan? Ein intersubjektives Triangulierungskonzept. In M. Altmeyer & H. Thomä (Hrsg.), *Die vernetzte Seele. Die intersubjektive Wende in der Psychoanalyse* (S. 65–107). Stuttgart: Klett-Cotta.

Benjamin, J. (2014). The discarded and the dignified: From the failed witness to »You are the eyes of the world« (Unveröff. Manuskript).

Freud, S. (1912e). Ratschläge für den Arzt bei der psychoanalytischen Behandlung. *GW VIII*, S. 376–387.

Giddens, A. (1995). *Konsequenzen der Moderne*. Frankfurt/M.: Suhrkamp.

Honneth, A. (2002). (Hrsg.). *Befreiung aus der Mündigkeit. Paradoxien des gegenwärtigen Kapitalismus*. Frankfurt/M.: Campus.

Illouz, Eva (2006). *Gefühle in Zeiten des Kapitalismus: Adorno Vorlesungen 2004*. Frankfurt/M.: Suhrkamp.

Kilian, H. (2013). Der historische Wandel im Denken und Deuten der Psychoanalyse. In H. Kilian & L. Köhler (Hrsg.), *Von der Selbsterhaltung zur Selbstachtung. Der geschichtlich bedingte Wandel psychoanalytischer Theorien und ihr Beitrag zum Verständnis historischer Entwicklungen* (S. 77–124). Gießen: Psychosozial-Verlag.

Winnicott, D.W. (1974). *Vom Spiel zur Kreativität*. Stuttgart: Klett-Cotta.